Spargel

W0361694

Hans Dieter Hartmann

GARTEN-FIT

- Sorten und Anbau
- Fitness und Gesundheit
- Feine Rezepte

Ulmer

Inhalt

Ein Spross als Delikatesse

Der Spargel hatte schon immer einen besonders guten Ruf. Er eröffnet im Frühjahr die heimische Erntesaison und beendet damit die gemüsearme Winterzeit. Er ist besonders gesund, arm an Kalorien, besitzt Ballaststoffe und schmeckt köstlich. Die ersten Stangen kommen Ende Februar/Anfang März aus den Anbaugebieten Südeuropas bei uns auf den Markt. Ab Anfang bis Mitte April beginnt die mitteleuropäische Saison, die Ende Juni abgeschlossen wird. Diese Gemüseart kann als Grünspargel oder auch als Bleichspargel gegessen werden.

Keine andere Gemüseart hat bereits in alten Zeiten so die Aufmerksamkeit auf sich gezogen wie der Spargel. Er hat die Konkurrenz mit leckeren Früchten wie Feigen, Melonen, Pfirsichen und Granatäpfeln glänzend bestanden, wie die ersten Abbildungen in den Stillleben von Pompeji zeigen. Diese Situation hat sich auch später nicht geändert. Solange er in seiner Heimat in südlichen Ländern angebaut wurde, kam er als Grünspargel auf den Markt. Erst als der Spargel in Mitteleuropa kultiviert wurde, wo Nachtfröste erhebliche Schäden anrichten können, schützten die Gärtner ihn durch Erdhaufen und kreierten mit diesem Verfahren den Bleichspargel. Im Großen und Ganzen wird er trotz erheblicher technischer Entwicklungen bei uns auch heute noch wie vor 150 Jahren angebaut.

Dieser Spross, botanisch gesehen, lässt sich in seiner Anbaumethode nicht mit anderen Gemüsearten vergleichen. Spargel braucht im Garten eine Fläche, die für ihn über mehrere Jahre reserviert wird. Er fordert recht viel Aufmerksamkeit, vergilt aber die Mühe mit lohnenswerten Genüssen.

Spargel - ein altbekanntes Gemüse mit interessanten Inhaltsstoffen

Neue Sorten bringen höhere Erträge, gleichmäßigere, schön geformte Stangen und erlauben zusammen mit dem Einsatz von Folien einen früheren Erntebeginn. In der Forschung wird weiterhin daran gearbeitet, Spargelsorten zu züchten, die gegen Krankheiten und Schädlinge resistent sind.

Beruhigend ist es zu wissen, dass Spargel nicht nur dem Gaumen schmeichelt, sondern auch sehr viele Inhaltsstoffe besitzt, die unserem Körper gut tun und die er für sein Wohlbefinden braucht. Bei einigen Mineralstoffen, Vitaminen oder anderen biologisch aktiven Nahrungsbestandteilen steht er im Vergleich mit weiteren Vegetabilien sogar an der Spitze der Skala.

Ganz neu sind Ergebnisse aus Untersuchungen über die Ursachen des Spargelgeschmacks. Man ist erstaunt über die Vielfalt der einzelnen Komponenten, die daran beteiligt sind, und erst in ihrer Gesamtheit das Spargelaroma ergeben.

Bei der Zubereitung sollte man deshalb schonend verfahren, damit nur möglichst geringe Verluste bei den von der Natur erzeugten Stoffen

Ziel eines jeden Gärtners: eine reiche Spargelernte

eintreten. Auch eine richtige Lagerung ist außerordentlich wichtig. Das Schälen erfordert ein klein wenig Übung, um die Faserstoffe zu entfernen, das zarte Gewebe aber weitgehend zu erhalten. Aber schließlich wird man – vielleicht zusammen mit einem guten Wein – mit einem lukullischen Mahl belohnt.

Spargel gehört zu den wenigen Gemüsearten, die nur während einer kurzen Zeit frisch auf den Märkten erhältlich sind. Die Spargelsaison wird freudig von allen Spargelliebhabern begrüßt, Spargelbetriebe laden dann zum „Tag der gläsernen Produktion" ein, Anbaugebiete veranstalten Spargelfeste oder küren eine Spargelkönigin. Selbst Spargelwanderungen werden organisiert, bei denen ein Fachmann die Teilnehmer in die Geheimnisse dieser Pflanze einweiht.

Und wer sich noch intensiver über Spargel informieren will, dem sei das Spargelmuseum in Schrobenhausen zwischen Ingolstadt und Augsburg empfohlen, in dem Bücher, Bestecke, Porzellan, Rezeptsammlungen, Bilder, Werkzeuge und vieles mehr von der Bedeutung des Spargels künden.

Hintergrund

Hintergrund

Ein besonderes Gemüse

Schon die Römer hatten am Spargel Geschmack gefunden. Besonders an den gehobenen Tafeln war diese Delikatesse sehr geschätzt und daher ist es nicht verwunderlich, dass Spargel in vielen Schriften erwähnt wird und in zahlreichen bildlichen Darstellungen zu finden ist. Bis heute hat sich der Spargel den Ruf als besonderes und edles Gemüse erhalten, wobei er glücklicherweise nicht mehr nur wenigen Privilegierten vorbehalten ist.

Stillleben mit Spargel aus dem Isistempel in Pompeji

Kulturpflanze aus der Römerzeit

Cato beschrieb etwa 175 bis 150 v.Chr. in seinem Buch "De agri cultura" bemerkenswert ausführlich den Anbau von Grünspargel. Später berichteten noch Columella, Plinius und andere über diese Pflanze. Kaiser Diokletian hat für Spargel sogar ein Höchstpreisedikt erlassen. Catos Anleitung hielt sich bis in das 19. Jahrhundert. Abbildungen von Spargelbündeln findet man zum Beispiel im Isistempel in Pompeji. In Trier hat man Bleitäfelchen aus dem 3. Jahrhundert n. Chr. gefunden, auf denen der Preis für Spargel eingeritzt worden war. Von Caesar wird erzählt, dass er bei einem Gastmahl, bei dem Spargel mit einer unangenehm aufdringlichen Soße gereicht wurde, sich weigerte das derart angemachte Gemüse zu essen.

Der Name stammt von dem griechischen Wort „asp(h)aragos", was „junger Trieb" bedeutet.

Wahrscheinlich kannten die Römer sowohl *Asparagus acutifolius*, den noch heute im Mittelmeerraum angebotenen Stachelspargel, als auch, nachdem sie Kleinasien erobert hatten, *Asparagus officinalis*, wie aus manchen Berichten und Gewichtsangaben zu schließen ist.

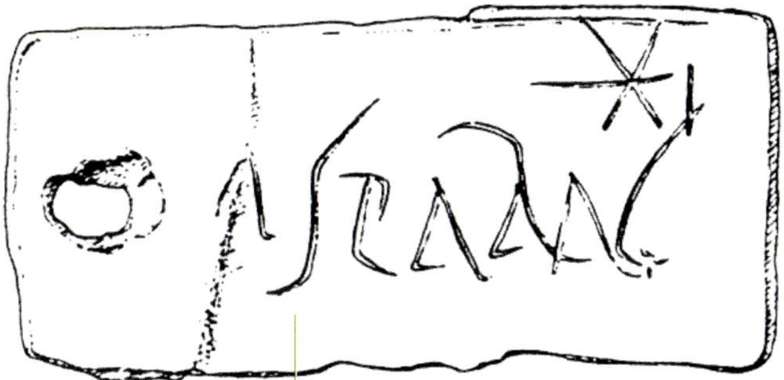

Römisches Spargelpreisschildchen aus Trier: „asparag 1 Denar“

Erst als der Sturm der Völkerwanderung vorüber war und sich die Nachfolgestaaten im Bereich des ehemaligen römischen Reiches zu konsolidieren begannen, tauchten wieder Berichte über Spargel auf. Sein Anbau erfolgte nun aber fast ausschließlich in Klostergärten. Da die Klosterbewohner dem Luxus entsagten und einfach leben mussten, wurde Spargel kurzerhand zur Heilpflanze umfunktioniert, wie seine Artbezeichnung *„officinalis“* verdeutlicht.

In den meisten Kräuterbüchern, wie bei P. A. Matthiolus 1563, wird auf die diuretische Wirkung, aber auch auf eine Linderung von Hüftgelenksschmerzen (Arthrosen) hingewiesen. Ganz zaghaft erfolgt auch ein Hinweis auf den guten Geschmack für „Leckermäuler“.

Da die Stangen bei der alten Anbaumethode sicher sehr dünn waren, konnte man sie nur schwer schälen und die verholzte Oberfläche musste mitgegessen werden. Nur so ist die Empfehlung von Matthiolus zu verstehen, Spargel mit Essig und Öl anzurichten, damit er zart werde.

Ab dem 16. Jahrhundert war der Spargel vermehrt ein Bestandteil der fürstlichen Tafelvergnügen. Ludwig XIV. zwang seine Gärtner die königliche Küche auch während des Winters mit diesem Luxusprodukt zu versorgen. Die Höfe in Stuttgart, Schwetzingen, Braunschweig, Berlin und Mainz verlangten gleichfalls mit diesem Gemüse beliefert zu werden. Maler wie Snyders, van Kessel und viele andere wurden beauftragt die Speisesäle mit Stillleben zu schmücken. Herrlich sind die Gemälde, auf denen Luxusgegenstände wie Samt, Seide, edle Gläser, Schmuck, Gold- und Silbergeschirr, Pfirsiche, Melonen, Kürbisse, Trauben und Spargel zu finden sind. Später erfreuten sich auch bürgerliche Familien am Spargel. Goethe schreibt in „Dichtung und Wahrheit“ von seines Vaters Garten „... woselbst zwischen den Reihen der Weinstöcke Spargelreihen mit großer Sorgfalt gepflanzt und gewartet wurden.“

Goethe beschrieb liebevoll, wie der Vater in seinem Garten außerhalb der Frankfurter Festungsanlagen zwischen Weinreben Spargel kultivierte.

Revolutionierende Erfindungen

Die alten Anbaumethoden des Spargels mussten ab dem Jahre 1861 grundlegend geändert werden, als die Konservenfabrik Gustav Grahe in Braunschweig in einer Zeitungsanzeige Gärtner und Landwirte ermutigte Spargel anzubauen und sich verpflichtete die gesamte geerntete Menge abzunehmen. Die Möglichkeit der Konservierung beruhte auf einer Erfindung des Franzosen Apert im Jahre

Spargelstillleben von Heinz Fuchs, Öl auf Spanplatte, um 1910

Die Technik hat in der Spargelproduktion in den letzten Jahren vermehrt Einzug gehalten.

1804. Als die Konservierungsverfahren perfektioniert worden waren, nahmen Anbau und Verzehr von Spargel rasant zu. 1874 wurden im östlichen Niedersachsen 125 Hektar angebaut, 1913 waren es bereits 3 500 Hektar. Auch im übrigen Deutschland expandierte der Anbau und erreichte 1932 mit 22 500 Hektar sein bisheriges Maximum. Gleichzeitig stiegen aber auch die Sorgen im Bereich Pflanzenschutz.

Der großflächige Anbau für den Frischmarkt und die Verarbeitungsindustrie hatten in etwa 50 Jahren zu Produktionsmethoden geführt, die vom Prinzip her auch heute noch üblich sind. Einige Abweichungen wurden durch die Entwicklung der Technik notwendig. So haben Pflanzmaschinen die aufwändige Handpflanzung ersetzt. So genannte Portal- oder Stelzenschlepper ermöglichen die Bearbeitung von mehreren Reihen in einem Arbeitsgang. Folien können zur Verfrühung verwendet werden, halbautomatische Erntegeräte erleichtern den Erntevorgang und elektronisch arbeitende Sortiereinrichtungen bringen eine Leistung von 12 000 Stangen in der Stunde. Schälmaschinen machen den Spargel kochfertig und Kühlanlagen erhalten die Frische des Ernteproduktes.

Anbau in Europa

Spanien ist in Europa das Land, welches die größte Spargelmenge produziert. Der Jahresertrag liegt bei fast 60 000 Tonnen. Die Konsumenten auf der iberischen Halbinsel essen den Spargel aber lieber konserviert als frisch. So verarbeitet die dortige Konservenindustrie rund 40 000 Tonnen. Vom frischen Spargel wurden in den letzten beiden Jahren etwa 10 000 Tonnen nach Deutschland exportiert. Auch Frankreich und andere Länder nahmen Spargel aus Südwesteuropa auf. Die zweitgrößte Menge mit 48 000 Tonnen auf rund 12 000 Hektar wird in Deutschland erzeugt. Diese Ware kommt ausschließlich auf den heimischen Markt.

Frankreich und Italien beschicken ihre Märkte mit je rund 30 000 Tonnen. Aus diesen Ländern wird kein oder nur wenig Spargel exportiert, im Gegenteil, sie importieren noch aus anderen Gebieten. Griechenland, dessen Küche den Spargel nicht kennt, hat sich völlig auf den Export nach Deutschland eingerichtet. Durch den Krieg in Jugoslawien ist der Transport von 20 000 bis 25 000 Tonnen aber sehr behindert worden, so dass viele Partien über weite Wege geschickt wurden. Der Anbau ist rückläufig. Die Niederlande dagegen haben ihren Absatz ganz auf ihre Nachbarländer orientiert. Der Eigenkonsum ist gering.

Da sich die Spargelanbaufläche in den letzten Jahren erheblich ausgedehnt hat, gab es zeitweise Probleme beim Absatz. Der Verbraucher konnte davon profitieren, weil die Preise sanken. Diese Situation haben viele Konsumenten genutzt. Es wurde mehr

Das Spargelstechen erfolgt in gebückter Haltung, eine belastende Arbeit.

1 Januar bis März

2 April

3 Mai bis August

4 September bis Oktober

5 November bis Dezember

Spargel im Jahresablauf

Spargel gegessen als früher, dabei bevorzugen 85 % der Verbraucher weißen Spargel. Die restliche Menge verteilt sich auf violetten und grünen Spargel. Die Hälfte aller Käufer bedient sich direkt beim Erzeuger oder auf dem Wochenmarkt. Über Genossenschaften laufen nur rund 20 % der Produktion. 50 % der deutschen Haushalte verzehren während der Saison mindestens einmal Spargel. Ältere Bundesbürger kaufen häufiger Spargel als jüngere. Da letztere im Allgemeinen bei der Vorbereitung des Essens Zeit einsparen wollen, kommt das Angebot von geschältem Spargel vor allem in den Verkaufsständen der Spargelerzeuger dem Bedarf dieser Bevölkerungsschicht entgegen. Der Spargel sollte jedoch erst nach dem Kauf geschält werden, denn nur dadurch bleibt er völlig frisch.

Die violette Farbe bei manchen Spargelsorten kommt durch die eingelagerten Anthozyane zustande. Vorwiegend der Kopf und der obere Sprossteil sind dann gefärbt.

Ein bisschen Botanik

Die Spargelpflanze wächst vorwiegend unterirdisch. Dort entwickelt sich ein so genanntes Rhizom mit Knospen und Wurzeln. Botanisch gesehen ist das Spargelrhizom eigentlich ein Spross, der mit extrem kurzen Abständen zwischen den Knospenanlagen waagerecht in der Erde wächst. Seine Endknospen streben jedes Jahr im Frühjahr senkrecht nach oben der Erdoberfläche zu, um dort verzweigte Triebe zu bilden. Da die Pflanze aus einer Gegend stammt, in der während des Sommers meist Wassermangel herrscht, entwickeln sich Blättchen (Schuppen) ohne grünen Farbstoff. Die Assimilation (= Bilden von Kohlenhydraten aus dem Kohlendioxid der Luft, dem Wasser des Bodens, unter Lichteinwirkung und mit Hilfe von Chlorophyll) erfolgt durch büschelar-

Blühender Spargel

Bleichspargel und Grünspargel gehören zu derselben Pflanzenart und unterscheiden sich nur darin, ob sie dem Sonnenlicht ausgesetzt sind und dadurch Chlorophyll bilden oder nicht.

Weibliche Pflanze mit roten Beeren

Die Beere ist der einzige Pflanzenteil des Spargels, der giftig ist.

tige Kurztriebe, im Volksmund Nadeln, in der Biologie Phyllokladien genannt. Sie entstehen in den Blattachseln und enthalten die zur Assimilation erforderlichen Organe. Sie sind nadelförmig, zylindrisch und können über 2 cm lang werden. Der Durchmesser beträgt etwa 0,5 mm.

Werden in den Feldern Dämme aufgeschüttet, durch welche die Stangen hindurch wachsen müssen, bleiben sie so lange weiß, bis sie in die Nähe der Erdoberfläche kommen. Werden sie dann gestochen, gehen sie als Bleichspargel auf den Markt. Verzichtet man auf die Erdhügel, bildet sich in den Sprossen der gleichen Pflanze oberhalb des Bodens, wenn sie dem Licht ausgesetzt sind, ein grüner Farbstoff, das Chlorophyll. So entsteht der Grünspargel.

Spargel *(Asparagus officinalis)* gehört zu den einkeimblättrigen Pflanzen (Monokotyledonae) und ist eine Staude aus der Familie der Liliengewächse. Bei den Blüten ist deutlich die Verwandtschaft zum Maiglöckchen zu erkennen. Der grünliche Kelch hat sechs Blätter und ist etwas kleiner als beim Maiglöckchen. Es gibt männliche und weibliche Pflanzen. Die Blüten sind klein und unscheinbar. Blüten von männlichen Pflanzen besitzen sechs Staubblätter. Weibliche Blüten haben einen Griffel sowie eine sechsteilige Samenanlage. Daraus entstehen erbsengroße Beeren, die im Laufe der Reife ziegelrot werden und je nach Befruchtung bis zu sechs Samenkörner enthalten.

Sorten und Anbau

Sorten und Anbau

Spargel selbst erzeugen

Spargel selbst zu erzeugen ist nicht ganz einfach, da seine Ansprüche an Standort und Pflege höher sind als die anderer Gemüsearten. Dafür bringt er uns nach der ersten Ernte ein besonderes Vergnügen, wenn auf dem Tisch ein leckeres Mahl steht und die Kombination zum Beispiel aus Spargel, Schinken, neuen Kartoffeln, einer leckeren Soße und – was sehr wichtig ist – einem passenden Wein zum Essen einlädt. Zunächst verstummen alle Gespräche, wenn die delikaten Sprosse auf dem Teller liegen und sich die Tischgenossen größten Gaumenfreuden hingeben. Später wird die Unterhaltung umso fröhlicher und lebhafter.

Eine Spargelspitze stößt durch die Erdoberfläche.

Bleichspargel

Aus ein und derselben Pflanze lässt sich je nach Anbaumethode Bleichspargel oder Grünspargel erzeugen. In Deutschland ist der Bleichspargel am weitesten verbreitet. Um Bleichspargel zu erhalten, muss über der Pflanze ein Erdhaufen oder ein Erdwall mit einer Höhe von etwa 30 cm aufgeschaufelt werden. Sobald die Bodentemperatur die Grenze von 12° C überschritten hat, fängt der Spargel an zu wachsen. Da seine Umgebung dunkel ist, bildet er zunächst keine Farbstoffe und bleibt bis zur Ernte weiß.

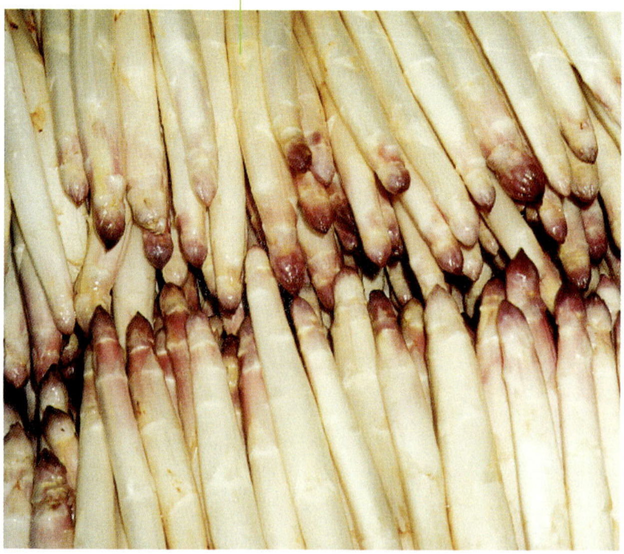

Bei violettem Spargel ist der obere Bereich rosaviolett gefärbt, der untere Teil aber weiß.

Grünspargel

Da Grünspargel weniger Arbeit als Bleichspargel erfordert, ist seine Verbreitung in der Welt erheblich größer als die von Bleichspargel. Die Vereinigten Staaten, aber auch Südeuropa produzieren nach dieser Anbaumethode oder, wie in Italien, nach einer Mischform, wobei die Stangen oben grün und unten weiß sind.

Beim Grünspargel fehlt die hohe Erdbedeckung, so dass ein Spross ziemlich schnell den Boden durchsto-

ßen kann. Die Folge ist die sofortige Ausbildung des grünen Farbstoffs (Chlorophyll). Da die Stangen den Gegendruck des Bodens nur in geringem Maße überwinden müssen, erreichen sie selten den Durchmesser einer Bleichspargelstange. Entsprechend niedriger sind die Erträge. Schwierigkeiten treten beim Grünspargel während der Erntezeit auf, weil Schädlinge den Spross über der Erde befallen können. Außerdem kann Unkraut auf den Beeten sehr lästig werden.

Da Grünspargel mit weniger Aufwand kultiviert werden kann, ist er für den Hobbygärtner besonders zu empfehlen.

Spargelsorten

Die Spargelsorten sind wegen ihres relativ ähnlichen Aussehens nur schwer voneinander zu unterscheiden. Es gibt so genannte gemischtblühende Sorten, bei denen männliche und weibliche Pflanzen vorkommen, und rein männliche Sorten. Da die weiblichen Pflanzen einen Großteil ihrer Energie in die Produktion von Beeren stecken, liefern sie niedrigere Erträge und sterben im Laufe der Jahre auch früher ab. Deshalb sollte man beim Kauf von Jungpflanzen rein männliche Sorten verlangen.

Bei Spargel spielt die Wahl der Sorte für den Anbau eine geringere Rolle als bei anderen Gemüsearten, da die Unterschiede nicht so gravierend sind und der Laie sie nur schwer unterscheiden kann.

Für die Produktion von Grünspargel wurden einige Spezialsorten gezüchtet. Sie haben eine besonders helle grüne Farbe, weil sie vorwiegend Chlorophyll, aber nicht oder nur in geringen Mengen den roten Farbstoff Anthozyan ausbilden, der zu einer dunklen Mischfarbe führt. Beim Kochen wird der rote Farbstoff allerdings zerstört, so dass die Stangen dann wieder sattgrün erscheinen.

Bleichspargelsorten

'Epos' ist eine neu gezüchtete gemischtblühende Sorte, die in Versuchen gute Ergebnisse brachte. Sie bildet Stangen mit geschlossenen Köpfen und einem großen Durchmesser. Sie treibt nicht ganz so früh wie einige andere Sorten. Lobenswert ist ihre geringe Anfälligkeit gegen Blatt- und Bodenpilze und ihre relative Unempfindlichkeit gegen Trockenheit.

'Huchels Alpha' ist eine ältere gemischtblühende Sorte, die etwas später durchtreibt und qualitativ gute Stangen mit einem mittleren Durchmesser und festen, geschlossenen Köpfen hat. Sie ist langlebig und bringt gleichmäßig durchschnittliche Erträge. Leider kippt sie während des Sommers bei Stürmen leicht um.

'Ravel' ist eine neuere, rein männliche deutsche Sorte mit einem mittleren Stangengewicht und einem mittelfrühen Erntebeginn. Praktiker schwärmen davon, dass sie sich auf schwereren Böden ohne großen Kraftaufwand ernten lässt und kaum hohle Stangen ausbildet. Die Sorte gilt als langlebig, das heißt, dass mit zunehmendem Alter der Anteil dünnerer Stangen niedrig bleibt. Der Wuchs der Pflanzen ist nach der Ernte während des Sommers relativ kompakt. Die Sorte muss ausreichend mit Feuchtigkeit versorgt werden.

Teilweise werden noch ältere Sorten wie **'Huchels Leistungsauslese'** und **'Schwetzinger Meisterschuss'** angeboten, weil bei ihnen ein mittlerer Ertrag mit qualitativ befriedigendem Erntematerial zu erwarten ist.

'Gijnlim', eine reich tragende Sorge, ist auch als Grünspargel gut geeignet.

'Schwetzinger Meisterschuss' ist eine traditionelle, mittelfrühe, gemischtblühende Sorte. Sie ist langlebig und widerstandsfähig gegen Grauschimmel. Die relativ dicken Stangen tragen meist feste, geschlossene Köpfe. Sie hat einen kräftigen Wuchs und stirbt spät im Herbst ab.

'Gijnlim' ist eine niederländische Sorte. Sie wird in Deutschland am häufigsten angebaut, weil sie bis zu einer Woche früher gestochen werden kann als die Vergleichssorten. Die Erträge sind hoch, vor allem wenn Folien eingesetzt werden. Sie bringt ein optisch schönes Erntegut mit geraden Stangen, geschlossenem Kopf, mittlerem Durchmesser und einer weißen

Grün- und Bleichspargel bester Qualität

Spargelsorten

Sorte	Erntezeit	Ertragsqualität	Besonderheiten
Bleichspargel			
'Epos'	mittel	geschlossene Köpfe, Stangen mit großem Durchmesser	gering anfällig für Pilzkrankheiten, unempfindlich gegen Trockenheit
'Huchels Alpha'	spät	gute Qualität, Stangen mit mittlerem Durchmesser	gemischtblühend, kippt bei Stürmen leicht um
'Ravel'	mittelfrüh	mittleres Stangengewicht, kaum hohle Stangen	rein männlich, langlebig, braucht ausreichend Feuchtigkeit
'Huchels Leistungsauslese'		mittlerer Ertrag mit befriedigender Qualität	ältere Sorte
'Schwetzinger Meisterschuss'	mittelfrüh	mittlerer Ertrag mit befriedigender Qualität	ältere Sorte, gemischtblühend, widerstandsfähig gegen Grauschimmel
'Gijnlim' (eignet sich auch als Grünspargel)	früh	hoher Ertrag, gerade Stangen mit geschlossenem Kopf, mittlerer Durchmesser	altert relativ früh, neigt zu Grauschimmel, sollte nicht nach dem 12. Juni gestochen werden
'Backlim'	spät	glatte Stangen teils mit Durchmesser von über 30 mm	wenig krankheitsanfällig
Grünspargel			
'Schneekopf'	mittelfrüh	gut geformte, dicke Stangen, geringer Faseranteil	intensiv grün, geringer Anthozyangehalt
'Huchels Schneewittchen'	früh	mittlerer Ertrag	geringer Anthozyangehalt
'Spaganiva'	mittelfrüh	mittleres Gewicht	kein Anthozyan, daher intensiv grün
'Steiniva'	mittelfrüh	gerade Stangen, eng anliegende Schuppen, wenige Fasern	neuere Sorte, die 'Spaganiva' ablöst, hellgrüne Farbe

Farbe. Sie reagiert allerdings auf Wassermangel und altert relativ früh. Auf ungünstigen feuchten Standorten ist sie für Grauschimmel und Stemphylium anfällig. Um eine ausreichende Regeneration dieser Sorte zu ermöglichen, sollte man etwa am 12. Juni mit dem Stechen aufhören. Die Pflanzen sterben früh im Herbst ab.

Auch **'Backlim'** ist eine Sorte aus Holland. Sie treibt spät aus und hat teilweise Stangen mit einem Durchmesser von mehr als 30 mm. Die Stangen sind glatt und haben ein ansprechendes Äußeres. Die Pflanze wird nicht sehr hoch und wegen ihres lockeren Aufbaues nicht allzu stark von Krankheiten befallen. Wegen ihrer dicken Stangen wird in manchen Fällen zu einer engeren Pflanzung geraten.

Grünspargelsorten

'Schneekopf' ist intensiv grün mit einem ganz geringen Anthozyangehalt

(Rotfarbstoff). Die Ernte startet mittelfrüh mit ansprechenden, gut geformten, dicken Stangen. Die Ertragsmenge nimmt im Rahmen der Grünspargelsorten eine Spitzenposition ein. Hervorzuheben ist der geringe Anteil an Fasern.

Grünspargel wird zur Erhöhung seiner Standfestigkeit etwa 15 cm tief in den Boden gepflanzt.

'Huchels Schneewittchen' kann schon etwas früher geerntet werden, ist aber nicht ganz so ertragreich. Die wohlgeformten Stangen enthalten nur geringe Mengen an Anthozyan, das sich beim Kochen zersetzt.

Die mittelfrühe Sorte **'Spaganiva'** ist wegen ihrer Anthozyanfreiheit intensiv grün gefärbt. Die Stangen haben ein mittleres Gewicht. Sie wird teilweise durch die neuere Sorte **'Steiniva'** abgelöst, die eng anliegende Schuppen besitzt, gerade wächst, wenige Fasern bildet und besonders zart ist. Die Farbe des Erntegutes wird als hellgrün beschrieben.

Standort

Die meisten Spargelanbauflächen sind auf Standorten mit leichten Böden zu finden, wie in den alten Anbaugebieten von Braunschweig, der Altmark, in Schwetzingen und am Main. Sandige Böden sind in einem Garten für die Eigenproduktion von Bleichspargel wünschenswert. Sie erwärmen sich im Frühjahr schneller und Pflege- und Erntearbeiten lassen sich mit einem geringeren Energieaufwand erledigen. Es hat sich aber gezeigt, dass auch auf lehmigen Böden sehr gute Erträge zu erzielen sind, weil sie in Trockenzeiten ein höheres Wasserspeichervermögen besitzen als Sandböden. Es ist in diesen Fällen jedoch empfehlenswert mit schwarzen Folien zu arbeiten, wie später noch beschrieben wird.

Optimal für Bleichspargel sind leichte und für Grünspargel schwerere Böden.

Grünspargel, dessen Sprosse oberirdisch abgeschnitten werden, lässt sich relativ einfach auf schwereren Böden kultivieren, da bei den einzelnen Arbeitsgängen wie Pflanzen oder Ernten die Erde nicht so oft bewegt werden muss.

Um möglichst wenig Probleme mit Pilzkrankheiten zu bekommen, ist ein freier Stand wichtig. Der Wind sollte die Pflanzen immer abtrocknen, damit die Pilzsporen nicht auskeimen können, denn kranke Pflanzen bringen im nächsten Jahr weniger, vielleicht nur noch die Hälfte des Ertrages vom Vorjahr.

Eine weitere Voraussetzung ist ein optimaler pH-Wert. Im sauren Bereich unter einen pH-Wert von 5,5 sinken die Erträge, weil giftiges Aluminium freigesetzt wird.

Weiter muss die Pflanze möglichst tief in den Boden einwurzeln können. Sie kann dann mehr Nährstoffe erschließen und ihr stehen größere Wasservorräte zur Verfügung oder überschüssiges Wasser, auf das Spargel mit einer Wurzelfäule reagiert, kann leichter versickern. Die Beseitigung von Bodenverfestigungen ist vor dem Pflanzen dringend anzuraten, das heißt, der Boden sollte vor dem Bepflanzen tiefgründig gelockert und am besten mit Kompost verbessert werden.

Pflanzung

Da Spargel bis zu zwölf Jahre eine Anbaufläche besetzt, ist eine fachgerechte Pflanzung zu empfehlen, um gute Ergebnisse zu erzielen.

Ist im Garten eine größere Anzahl von Spargelpflanzen vorgesehen, ist ein geeigneter Abstand einzuhalten. Als optimal gilt für eine einzelne Bleichspargelpflanze eine Fläche von etwa einem halben Quadratmeter. Die Form des Standraumes ist nicht so bedeutend. Der Reihenabstand sollte 150 cm bis 160 cm betragen, wobei innerhalb einer Reihe ein Pflanzabstand von etwa 35 cm zu empfehlen ist. Da bei Bleichspargel später über den Pflanzen Erde zu einem Wall aufgeworfen wird, muss bei der Standweite hierauf Rücksicht genommen werden. Grünspargel braucht weniger Platz und kann mit drei Pflanzen pro Quadratmeter (Reihenabstand 150 cm, Pflanzabstand in der Reihe 25 cm) enger gepflanzt werden.

Arbeiten im 1. Standjahr

Bleichspargel wird in einen Graben, der eine Tiefe von 25 cm und eine Sohlenbreite von 30 cm hat und in den als Bodenverbesserungsmittel etwas Kompost eingearbeitet wurde, gepflanzt. So hat man auch in späteren Jahren, in denen die Spargelkronen nach oben wachsen, genügend Bodenreserven für die Hügel. Ist der Hügel nicht mehr ausreichend hoch, besteht die Gefahr, dass man bei der Ernte mit dem Messer in die Krone sticht und diese lebensgefährlich verletzt.

Es gibt zwei Pflanzmethoden. Bei einer Methode häuft man in dem Graben einen Hügel an. Auf diesen legt man die Pflanze mit ausgebreiteten Wurzeln und deckt sie etwa 10 cm hoch mit Erde ab. Bei der anderen Methode sticht man mit dem Spaten in den Boden, bewegt ihn etwas hin und her und steckt in den entstehenden Spalt die Pflanzenwurzeln. In beiden Fällen bleibt anschließend der Graben offen.

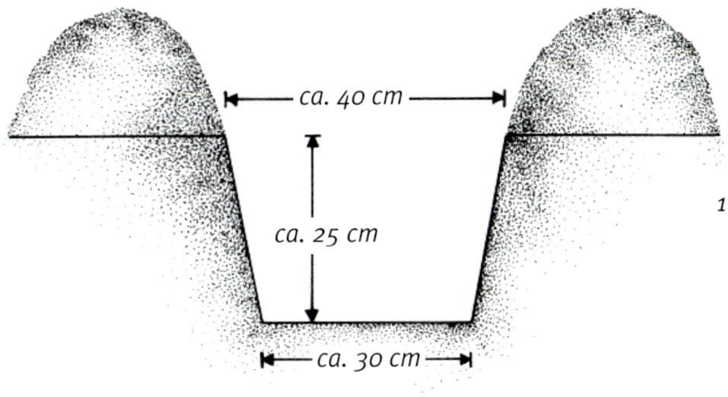

1

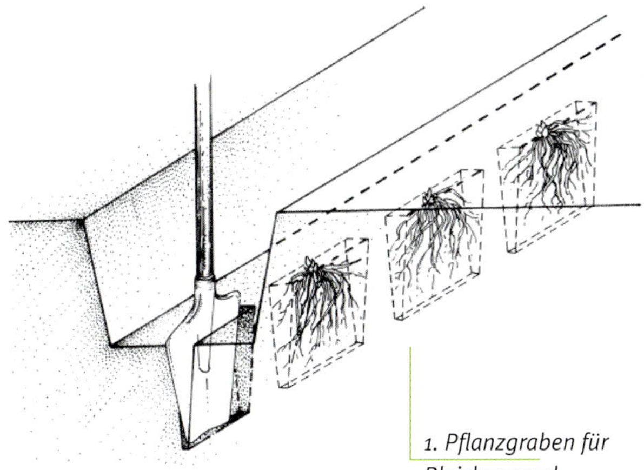

2

1. Pflanzgraben für Bleichspargel
2. Einfache Pflanzung mit einem Spaten

Die Speicherwurzeln der Jungpflanzen sind zu schonen, weil sie wichtige Reservestoffe für das Anwachsen enthalten.

Zur Info

Anlage und Pflege einer Spargeljunganlage

Arbeitsplan im 1. Jahr

Februar/März	*Gräben werden gezogen*
März/April	*Pflanzung*
	Standweite 160 cm x 35 cm
	Pflanztiefe 22 cm
ab Mai	*in Trockenperioden wässern*
Mai bis September	*Unkräuter hacken*
	tierische Schädlinge absammeln
	Pilzkrankheiten bekämpfen
Juni	*leichte Kopfdüngung mit Stickstoff und Kalium*
November/Dezember	*trockenes Kraut entfernen*

Sobald die Pflanzen durchtreiben, werden sie unkrautfrei gehalten, von Zeit zu Zeit gegossen und das Auftreten von Krankheiten und Schädlingen möglichst verhindert (siehe Seite 32-35). Wenn die Bedingungen während der Vegetationszeit gut waren – dazu gehört auch eine ausreichende Ernährung – haben die Spargelsprossen im Herbst eine Höhe von etwa 50 cm erreicht. Sobald die Tage kürzer werden, verfärben sich die Phyllokladien von grün über gelb nach braun, ein Zeichen für die Verlagerung von Reservestoffen aus den oberirdischen Teilen in die Speicherwurzeln. Die braunen, verdorrten Teile werden im November/Dezember in dem sich langsam verfüllenden Graben abgeschnitten. Im 1. Jahr wird noch nicht gestochen.

Arbeiten im 2. Standjahr

Bedauerlicherweise muss man beim Spargel etwas Geduld haben, ehe man das erste Mal ernten kann. Das Hauptaugenmerk wird im zweiten Jahr auf die Pflege in Form von Jäten, Gießen, Düngen und dem Schutz der Pflanzen vor Schädlingen gelegt. Wenn man unbedingt schon einmal kosten möchte, was sich da entwickelt, darf man das in den ersten Tagen des Durchtreibens tun. Nach spätestens 10 bis 14 Tagen sollte dann nicht weitergeerntet werden, um die Pflanzen nicht zu überlasten. Die Büsche werden im Herbst je nach Sorte eine Höhe von etwa 150 cm erreicht haben. Das Jahr wird abgeschlossen, indem man Ende November bis Anfang Dezember das trockene Spargelstroh abschneidet. Dann sind alle Reservestoffe in die Speicherwurzeln im Boden für das nächste Jahr eingela-

Zur Info

Anlage und Pflege einer Spargeljunganlage

Arbeitsplan im 2. Jahr

bis Februar	*Zerkleinern der restlichen Sprossteile*
	Düngung mit Phosphor, Kalzium und Magnesium
April	*Aufdämmen der Anlage (falls geerntet werden soll)*
	Düngung mit Stickstoff und Kalium
Mai	*einwöchige Ernte (nur wenn kräftiger Bestand im Herbst des Vorjahres)*
Mai bis September	*in Trockenperioden wässern*
	Unkraut hacken
	Schädlinge absammeln
	Pilzkrankheiten bekämpfen
Ende Juni	*eventuell Kopfdüngung mit Stickstoff und Kalium*
November/Dezember	*trockenes Kraut entfernen*

gert worden. Der Graben hat sich bis zu diesem Zeitpunkt wieder auf das Normalniveau mit Erde gefüllt.

Arbeiten ab dem 3. Standjahr

In diesem Jahr wird zum ersten Mal über einen Zeitraum von vier Wochen geerntet. Bei Bleichspargel häufelt man Erde auf, damit die Spargelstangen ausreichend lang werden können. Besteht das Beet aus einer größeren Zahl von Pflanzen, bildet man genau über der Mitte der Spargelreihe aus Erde einen Damm mit einer Höhe von etwa 25 cm bis 30 cm. Die Form des Dammes, die von der Bodenbeschaffenheit abhängt, kann halbrund oder trapezförmig sein. Je geringer der Lehmanteil im Boden ist, desto mehr ist man zur stabileren halbrunden Form gezwungen.

Wurden nur wenige, einzeln stehende Pflanzen gesetzt, lässt sich über jedem Busch die Erde ähnlich wie bei einem Maulwurfshügel aufschütten. So wurde früher in Frankreich mit Erfolg gearbeitet, bis die Technik zu einer Umstellung zwang.

Zur Info

Anlage und Pflege von Spargelertragsanlagen

Arbeitsplan ab dem 3. Jahr

bis Februar	*Zerkleinern der restlichen Sprossteile, Düngung mit Phosphor, Kalzium und Magnesium*
ab Ende März	*Aufdämmen und Folie ausbreiten*
Ende April bis 20. Juni	*Ernte; im 1. Jahr über vier, im zweiten Jahr über sechs, in den folgenden Jahren über acht Wochen stechen*
20. Juni	*Abdämmen*
	Kopfdüngung mit Stickstoff und Kalium
ab Juli	*Schädlinge absammeln*
	Pilzkrankheiten bekämpfen
Juli bis August	*in Trockenperioden wässern*
	Unkraut hacken
November/Dezember	*Entfernen des Krautes*

Ein ordnungsgemäß aufgedämmtes Spargelfeld

Verwendung von Folie auf den Spargelfeldern

Bei Grünspargel wird höchstens 10 cm bis 14 cm hoch angehäufelt. Im Übrigen kann er ungehindert wachsen.

Folieneinsatz

Wer an Spargelfeldern vorbeigekommen ist, hat sich vielleicht über die ausgebreiteten Folien gewundert. Manche Felder hatten durchsichtige, manche weiße oder schwarze Folien, Vliese oder waren doppelt bedeckt, manche Folien waren eingegraben, andere mit Sandsäcken beschwert.

Im Allgemeinen muss man bei Bleichspargel mit der Ernte warten, bis die Bodentemperatur 12° C überschritten hat. Dann darf man auf eine reichliche Ernte hoffen, wenn das Wetter nicht wieder umschlägt und kühler wird. Grünspargel ist nicht ganz so temperaturempfindlich.

Gärtner haben vor Jahren festgestellt, dass mit Folien ein Erwärmungseffekt im Boden zu erzielen ist. Die Energie der Sonne dringt in die Schicht zwischen Folie und Erde ein und erwärmt den Boden. Die Folie verhindert die Verdunstung der Feuchtigkeit des Erdreichs und damit eine Abkühlung. Die Folge ist eine frühere Ernte. Manche Betriebe beherrschen diese Methode so weit, dass in Süddeutschland bereits Anfang April gestochen werden kann. Auf jeden Fall sollte man in den Damm ein Thermometer hineinstecken, um eine schädliche Überhitzung des Bodens zu vermeiden. Temperaturwerte weit über 20° C wirken sich negativ auf die Qualität des Spargels aus. In solchen Fällen muss die Folie von den Dämmen heruntergenommen werden.

Wenn man mit Folien, gleich welcher Art, arbeitet, muss man unbedingt darauf achten, dass sich der Boden nicht überhitzt, und rechtzeitig die Folie entfernen oder entsprechend lüften.

Neben der einfachen Bedeckung gibt es auch die doppelte Bedeckung. Unter einem Vlies liegt noch eine weitere Folie. Das Luftpolster, das auf diese Weise entsteht, wirkt wie ein Doppelfenster und verhindert den Wärmeverlust. Man wird sehr schnell feststellen, dass auf diesen Beeten der Spargel besonders früh durchtreibt. Nach dem ersten Stechen sollte man das Vlies nicht wieder auflegen, es sei denn, das Wetter wird wieder sehr viel schlechter.

Seit einigen Jahren gibt es Folien, mit denen man das Wachstum der Spargelstangen recht gut steuern kann. Sie werden als schwarz/weiße Folien bezeichnet entsprechend ihrer Ausfärbung auf den beiden Seiten.

Wenn es kühl ist, liegt die schwarze Seite oben, absorbiert die Strahlung und erwärmt den Boden, bei höheren Temperaturen wird die weiße Schicht nach oben gedreht, die Strahlung reflektiert und der Boden kühl gehalten. Man weiß heute, dass das „Drehen" oder Wenden bei 18 °C bis 20 °C erfolgen muss und dass bei der Verwendung der weißen Seite die Temperaturen bis zu 7 °C niedriger liegen als im unbedeckten Vergleichsboden.

Bei Grünspargel kann man natürlich die Folie direkt auf die Beete legen. Es ist aber bei Kälte mit Frostschäden und bei Hitze mit so genannten Verbrennungen zu rechnen. Erfolgreicher lassen sich Kleintunnel einsetzen, die etwa eine Höhe von 50 cm bis 60 cm haben. Man steckt Bügel über die Pflanzenreihen und zieht darüber eine Folie. Um grüne Spargelstangen zu erhalten, sollte sie lichtdurchlässig sein. Bei schwarzer Folie bleibt der Spargel weiß. Auch hier sollte man ein Thermometer im Tunnel platzieren, um bei Temperaturen über 25° C rechtzeitig lüften zu können. Am Anfang der Saison schiebt man die Folie jeweils seitlich etwa 20 cm über den Bügel hoch, ab Mai wird sie auf der einen Seite hochgenommen und auf der anderen Seite abgelegt und nur noch bei Frostgefahr verwendet.

Ernte von Bleichspargel

Endlich kündigt der Spargel bei den morgendlichen Inspektionsgängen im Garten sein Kommen durch

Die Spargelstange kündigt sich durch Risse in der Bodenoberfläche an.

Der Boden muss mit der Hand entfernt werden, bis die Stangen deutlich zu erkennen sind.

Die Spargelstangen löst man mit einem Spargelstechmesser vorsichtig vom unterirdischen Rhizom.

Als letztes wird das Loch wieder verfüllt und die Erde glatt gestrichen.

Risse im Boden an. Vorsichtig entfernt man an dieser Stelle die Erde und schon nach einigen Zentimetern schaut der Kopf einer Spargelstange heraus. Weiter geht die Arbeit, bis das Loch etwa 15 cm tief ist. Jetzt wird ein scharfes Spargelmesser benötigt. Das kann ein altes Brotmesser, eine an der Spitze breit geschmiedete eiserne Rundstange mit einem Holzgriff oder ein ausreichend langes Handschäufelchen sein. Diese Werkzeuge führt man blind, aber gefühlvoll nach unten in den Boden. Bald spürt man einen Widerstand und sticht zu. Ob richtig getroffen wurde, merkt man, wenn die Stange am Kopf langsam aus dem Boden gezogen werden kann. Die Spargelstange sollte möglichst länger als 22 cm sein.

Anschließend wird die Erde wieder in das Loch geschoben, leicht verfestigt und die Erdoberfläche glatt gestrichen. So lässt sich besser erkennen, wenn an dieser Stelle die Erde erneut aufreißt, weil die nächste Stange nach oben drückt.

Bedauerlicherweise ist die Qualität der Stangen nicht einheitlich. Das hängt in großem Maße von den Witterungsverhältnissen ab. Im Frühjahr, wenn die Böden noch nicht erwärmt sind, verzögert sich das Wachstum und das Gewebe verholzt vor allem am Stangenende. Schneidet man die Stange auf eine Länge von 20 bis 22 cm, wird ein Teil der Verholzung entfernt. Den Rest schält man bei der Verarbeitung in der Küche ab.

Das Wachstum des Spargels ist in starkem Maße von der Bodentemperatur abhängig. Ab 12° C geht es los. Zu warm darf es aber auch nicht sein, denn dann leidet die Qualität.

Mitte bis Ende Mai steigen an vorsommerlichen Tagen die Temperaturen im Boden. Das Spargelwachstum nimmt sprunghaft zu und die Erntemengen steigen. Teilweise sind Stangen dabei, die am oberen Ende stark verdickt sind oder so genannte offene Köpfe haben oder nicht weiß, sondern leicht rosa sind. Der erste Fall ist sortentypisch und lässt sich nicht ändern. Köche helfen sich, indem sie nach dem Kochen die Stangen der Länge nach aufschneiden. Im zweiten und dritten Fall sollte man entweder den Boden anfeuchten und ihn durch die entstehende Verdunstungskälte abkühlen oder man legt eine schwarz/weiße Folie mit der weißen Seite nach oben auf den Boden. Der Spargel schmeckt in allen drei Fällen nicht schlechter, er ist nur optisch nicht so schön.

Ernte von Grünspargel

Die Ernte des Grünspargels ist wesentlich einfacher. Erstens sieht man, wo man hantiert, und zweitens benö-

Grünspargelspitzen

Die Ernte von Grünspargel kann durch Abschneiden mit einem Messer oder durch Abbrechen erfolgen.

tigt man nicht so viel Zeit. Das ist der Hauptgrund, weswegen man in den USA zur Produktion von Grünspargel übergegangen ist. Natürlich lässt sich auch der Grünspargel mit einem Messer abschneiden. Der Trick ist aber, ihn abzubrechen. Er bricht nämlich nur dort, wo keine verholzten Stängelteile vorhanden sind. Hierfür stützt man die Stange mit den Fingern ab und führt mit dem Daumen den nötigen Druck aus, um sie abzubrechen. Mit etwas Übung hat man schnell die richtige Technik herausgefunden.

Ob man den Grünspargel an der richtigen Stelle abgebrochen hat, lässt sich überprüfen, indem man mit einem Messer am Stangenende testet, ob sich noch verholzte oder faserige Teile entfernen lassen. Im Idealfall braucht dann der Grünspargel vor der Zubereitung überhaupt nicht mehr geschält zu werden.

Auch violetter Spargel hat, wie Kenner bestätigen, einen ausgezeichneten Geschmack.

Qualität der Spargelstangen

Die eigene Ernte wird man nur in Sonderfällen, zum Beispiel wenn man Gäste eingeladen hat, sortieren. Allerdings lohnt sich eine Einteilung in Stangen mit verschiedenen Durchmessern, weil dünne Stangen eher gar werden als dickere.

Muss man seine eigenen Vorräte ergänzen und zukaufen, ist es von Vorteil einige Grundsätze der EG-Qualitätsnormen für Spargel zu kennen. Das Sortieren in den Großbetrieben erfolgt nach drei Kriterien und zwar nach Farbe, Länge und Güte.

Bei der Farbe unterscheidet man zwischen

- weißem Spargel,
- violettem Spargel (der Kopf muss rosa bis violettpurpur, der untere Stangenteil weiß gefärbt sein; Spargel dieser Sortierung wird vor allem in Italien vermarktet),
- violett-grünem Spargel (der Kopf und das obere Viertel der Stange sind violett, der Rest der Stange ist grün; diese Sortierung ist in Spanien und Frankreich beliebt)
- und Grünspargel (der Spargelkopf und der größte Teil der Stange müssen grün ohne violette Farbtöne sein).

Bei der Länge müssen die Spargelstangen folgende Grenzen einhalten: über

1

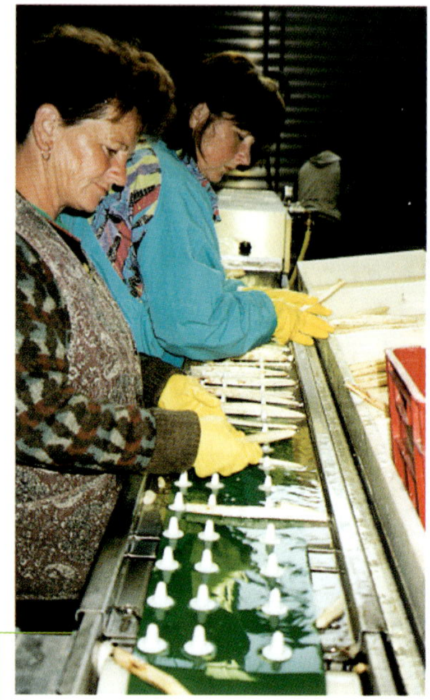

2

1: Eine wünschenswerte erfolgreiche Ernte
2: In den Spargelbetrieben erfolgt die Sortierung am Band.

17 cm, 12 cm bis 17 cm und unter 12 cm. Die meisten Wasch- und Sortieranlagen für Spargel sind auf eine Länge von 22 cm eingestellt. Kürzere Stangen werden dann billiger ab Hof verkauft. Eine Ausnahme bilden Stangen unter 12 cm, die als „Köpfe" bei den Kunden sehr begehrt sind, weil sie nicht geschält werden müssen.

Bei der Güte werden Mindesteigenschaften verlangt, von denen hier einige genannt werden sollen: Die Stangen sollen frisch, gesund und frei von Schäden und Schädlingen sein, keinen artfremden Geruch oder Geschmack besitzen und die Schnittfläche am unteren Ende sollte möglichst glatt und ohne Eintrocknungen sein. Außerdem dürfen die Spargelstangen nicht hohl, gespalten, abgeschält oder gebrochen sein. Kleine Risse sind zulässig.

Nachdem die Stangen sortiert worden sind, bleiben meistens Reste übrig, die sich klein geschnitten für die Zubereitung von Suppen eignen.

Wenn die Stangen diesen Kriterien genügen, kann man sie in drei Qualitätsklassen einteilen.

Klasse extra: Dies ist die höchste Güteklasse. Die Stangen sind absolut gerade, schön geformt, mit festem Kopf, geringsten Spuren einer Berostung, völlig weiß und höchstens am Kopf ganz leicht rosa, kein bisschen verholzt. Grünspargel muss richtig schön grün sein. Wer selber Spargel anbaut, weiß, wie wenig Stangen in diese Klasse passen.

Klasse I: Hier wird eine leichte Biegung der Stangen akzeptiert. Trotzdem sollen sie gut geformt sein, selbst hier wird ein fester Kopf verlangt. Eine Berostung muss noch

leicht abgeschält werden können, bei weißem Spargel darf eine leichte Rosafärbung vorhanden sein, bei Grünspargel müssen mindestens 80 % des Stangenanteils grün sein.

Klasse II: Stangen, die nicht in die beiden ersten Klassen passen, werden hier zusammengefasst. Weniger gut geformt, stärker gebogen, leicht offene Köpfe mit abweichender Färbung, Spuren von Rost, schwache Verholzung, bei Grünspargel ein Grünanteil von nur 60 %, Schnittflächen leicht abgeschrägt.

Aufbewahren, Kühlen, Lagern

Nicht immer ist die Erntemenge groß genug, um am Wochenende eine Spargelparty mit eigenen Produkten geben zu können. Wenn man nicht zukaufen will, muss man also ein bisschen sammeln. Diese Tätigkeit lässt sich nur erfolgreich durchführen, wenn die Mittwochernte auch am Samstag noch frisch ist. Hierzu ist Folgendes zu empfehlen:

Das Erntegut wird schnellstmöglich abgekühlt. Man füllt in eine Schüssel kaltes Wasser und schüttet zusätzlich eine Hand voll Eisstückchen aus der Tiefkühltruhe hinein, damit die Temperatur in der Flüssigkeit etwa 2° C bis 3° C beträgt. Die Spargelstangen, ob grün oder bleich, werden für etwa 12 bis 15 Minuten in das Eiswasser gelegt. Dann werden sie herausgenommen und das überschüssige Wasser wird mit Haushaltspapier abgetupft. Anschließend wickelt man sie zuerst in ein feuchtes Handtuch und danach in eine Folie und bewahrt sie im Gemüsefach des Kühlschranks auf.

Eine fachgerechte Lagerung verhindert den Abbau von wichtigen Inhaltsstoffen im Erntegut.

Gut gelagerter Spargel hat selbst noch nach einer Woche eine saftige und keinesfalls eine trockene Schnittfläche. Außerdem sind dann auch nur wenige Inhaltsstoffe zersetzt worden. Es kann sein, dass die Spargelstangen bei dieser Prozedur einen leichten Rosaschimmer bekommen. Feinschmecker stört das nicht, da diese Erscheinung beim Kochen verschwindet und den Genuss nicht beeinflusst. Soll die Verfärbung nicht auftreten, muss der Spargel zwei bis drei Stunden im Wasser liegen. Da hierbei Inhaltsstoffe ausgelaugt werden, ist diese Methode nicht sehr sinnvoll.

Zur Info

Wichtig: Qualität des Erntegutes erhalten

Grünspargel muss anders gelagert werden als Bleichspargel

Bei Grünspargel, der in gleicher Weise gekühlt wird, kann es vorkommen, dass er beim anschließenden Lagern weiter wächst und dabei den Kopf nach oben hebt. Er sieht dann krumm aus, was zwar den Geschmack nicht beeinflusst, aber unschön ist. Spezialisten bewahren deshalb Grünspargel senkrecht stehend auf.

Ernteschluss

Bei jeder Pflanze muss nach einer gewissen Zeit eine Ruheperiode folgen. Das gilt auch für die Spargelpflanzen. Wenn sie in der Jugendphase vier Wochen und in den folgenden Jahren acht Wochen lang beerntet

Nach der Ernte treibt der Spargel wieder mit mehreren Sprossen durch.

worden sind, ist damit zu rechnen, dass in den Speicherwurzeln die Vorräte an Kohlenhydraten und Mineralstoffen für die Bildung der Spargelstangen auf einem Tiefpunkt angekommen sind. Aus Versuchen ist bekannt, dass die Ernte zwischen dem 21. und 23. Juni beendet werden muss, damit die Pflanzen in den folgenden Wochen genügend Gelegenheit haben, sich zu regenerieren. Hält man diesen Termin nicht ein, sinkt die Erntemenge im folgenden Jahr. Die Erholungsphase ist nach zehn Wochen in der 1. September-Dekade beendet. Dann fängt die Pflanze an, ihre Inhaltsstoffe aus den oberirdischen Teilen in die Speicherwurzeln zu verlagern und Reserven für das nächste Jahr zu bilden.

Pflege im Sommer

Ob man als erste Arbeit nach dem Stechen die Erde wieder „abdämmt“ oder stehen lässt, hängt von der Größe der Pflanzen ab. Das Abdämmen hat einige Vorteile. Die Pflanzenwurzeln erhalten dann mehr Sauerstoff zur besseren Aufnahme von Wasser und Nährstoffen und die untersten Stängelpartien trocknen leichter ab, was einem Krankheitsbefall vorbeugt. Nachteilig ist, dass große Wedel bei einem kräftigen Wind umbrechen und damit Assimilate der Pflanze verloren gehen.

Zur Info

Sommerarbeiten

Während der Vegetationszeit, die etwa zweieinhalb Monate dauert, fallen regelmäßig die folgenden vier Arbeitsgänge an:

- *Unkrautbekämpfung am besten mechanisch mit der Hacke*
- *Bewässerung vor allem nach der Ernte*
- *Pflanzenschutzmaßnahmen*
- *Düngung mit Kompost oder Mineraldünger nach der Ernte*

Mitte Juli haben sich an den Trieben die ersten Nadeln gebildet. Höhe und Anzahl der Sprosse geben Auskunft über die Ernteaussichten im nächsten Jahr.

Lässt man die Dämme stehen, um Windbruch zu vermeiden, wachsen die Wurzeln schneller an die Erdoberfläche, so dass man nach einigen Jahren die für die Wälle notwendige Erde nur mühsam zusammenkratzen kann. Viele Spargelbauern gehen deshalb einen Kompromiss ein: Sie lassen die Hälfte des Dammes stehen und breiten den Rest der Erde aus.

Unkrautbekämpfung

Unkräuter haben eine Reihe von unerwünschten Eigenschaften. Sie konkurrieren mit den Spargelpflanzen um Wasser und Nährstoffe, sie können Überträger von Krankheiten sein, sie wuchern in den Beständen und verhindern dadurch das Abtrocknen der Kulturpflanzen, was wiederum die Ausbreitung von Pilzkrankheiten fördert, und nehmen, wie die Melde, dem Spargel das Licht weg, wodurch die Assimilation reduziert wird. Im Garten sollte das Unkraut ausschließlich mit einer Hacke oder einem ähnlichen Gerät mechanisch entfernt werden.

Bewässerung

In älteren Büchern kann man lesen, dass Spargel nicht bewässert zu werden braucht, weil er trockenresistent sei. Tatsache ist jedoch, dass Spargel nichts dagegen hat, wenn er ausreichend mit Wasser versorgt wird. Wenige Triebe durch Wassermangel bedingt sind keine gute Voraussetzung für eine reichliche Ernte im nächsten Jahr. Deshalb ist bei fehlenden Niederschlägen eine durchdringende Bewässerung anzuraten. Vor al-

Es wird Herbst. Bei den weiblichen Pflanzen färben sich die Beeren rot.

lem nach der Ernte, also Ende Juni, sollte der Boden feucht genug gehalten werden, damit ein guter Austrieb erfolgt. Wenn es zu diesem oder einem späteren Termin im Boden zu trocken ist, sterben junge Sprosse nämlich sehr schnell ab.

Pflanzenschutz

Bedauerlicherweise leiden auch Spargelpflanzen unter Krankheiten. Eine Grundregel für eine mögliche Vorbeugung von Krankheiten ist, dass in der Fruchtfolge Spargel nicht nach Spargel gepflanzt werden darf. Denn nach einer jahrelangen Kultur haben sich manche Wurzelreste im Boden abgelagert, was die Folgekultur behindert.

Wirkungsvoller Pflanzenschutz in den ersten beiden Jahren erhöht die Chance auf gesunde Bestände und einen hohen Ertrag in den Folgejahren.

Um für widerstandsfähige, gesunde Pflanzen ein optimales Milieu zu bereiten, ist es wichtig, die schon beschriebenen notwendigen Arbeiten vor der Pflanzung und zur Bodenverbesserung gewissenhaft durchzuführen.

Schädlinge In den ersten beiden Jahren, wenn die Pflanzen noch klein sind, legen ab Ende April/Anfang Mai zur Zeit der Kirschblüte die **Spargelfliegen** ihre Eier am Stängelgrund ab. Die daraus schlüpfenden Maden fressen in den gerade durchtreibenden Stängel ein Loch, kriechen in das Innere und höhlen ihn aus. Der Trieb wird im Wachstum gestört und stirbt teilweise oder ganz ab, so dass wichtige Reservestoffe aus den Speicherwurzeln aufgebraucht werden und verloren gehen. Wenn sich dieser Vorgang auch bei den nächsten Sprossen wiederholt, ist die junge Pflanze bald nicht mehr in der Lage die Verluste zu ersetzen und geht ein. Deshalb müssen die Spargelpflanzen im 1. und im 2. Jahr zuverlässig geschützt werden. In den folgenden Jahren ist die Gefahr weniger groß, da in der Hauptflugzeit der Spargelfliege geerntet wird und der Schädling keine Gelegenheit hat seine Eier abzulegen. Außerdem hat die Pflanze schon ein großes Wurzelwerk mit ausreichenden Mengen an Reservestoffen.

Ein niederländisches Institut hat einen Lockstoff gefunden, der zusammen mit einem Leim auf Bambusstöcke gestrichen und für die Bekämpfung der Spargelfliege benutzt wird. Die Stöcke sollten schon kurz vor Abschluss der Stechzeit zwischen die Spargelreihen oder neben einer Reihe in den Boden gesteckt werden. Die Fliegen bleiben daran kleben.

Die Spargelfliege hat den Spross angestochen. Er krümmt sich.

1

2

1: Spargelhähnchen
2: Spargelkäfer

Eine andere Fliege ist im Eigenanbau lästig, führt aber nicht unbedingt zu wirtschaftlichen Ausfällen. Es ist die **Bohnenfliege**, die in Größe und Aussehen der Stubenfliege ähnelt. Sie wird durch verrottende Substanzen wie Stallmist, Kompost oder Unkrautreste angelockt und legt die Eier in Erdspalten, zum Beispiel in klumpigen Böden, ab. Die schlüpfenden Maden kriechen zu den Spargelstangen und bohren sich in die Oberfläche ein. Die Fraßgänge kann man deutlich erkennen, da sie sich rostrot verfärben. Der Befall ist besonders in einer kühlen Periode, wenn das Wachstum der Stangen stagniert, groß. Meist lassen sich die geschädigten Stellen durch Schälen entfernen. Durch Folien wird die Fliege an der Eiablage gehindert. Lange darf das Beet aber beim Ernten nicht offen liegen, um dem Insekt die Chance zur Eiablage zu nehmen.

Zwei Käferarten haben sich auf den Befall von Spargel spezialisiert. Es sind das **Spargelhähnchen** und der **Zwölfgepunktete Spargelkäfer**.

Das Spargelhähnchen hat einen roten Körper und schwarze Flügeldecken mit jeweils drei weißen Punkten. Es ist bereits ab April zu beobachten. Der Spargelkäfer ist vollständig rot und trägt jeweils sechs schwarze Punkte auf den Flügeln. Er tritt ab Mai auf.

Beide Käferarten legen Eier ab, aus denen bräunliche Larven schlüpfen. Alle Tiere nagen die Triebe an, so dass diese keine grüne Oberfläche mehr haben. Damit wird eine Assimilation unmöglich gemacht. Die verletzten Stängel sind nicht mehr gegen Verdunstung geschützt und gehen ein. Wenn der Befall stark ist, kann er zum Absterben der Pflanzen führen. In diesem Fall sollte man sich Gummihandschuhe anziehen, die Käfer und Larven absammeln und vernichten.

Pilzkrankheiten an den Wurzeln

Zu den Pilzen, welche die Wurzeln befallen, gehören in erster Linie Arten der Gattung **Fusarium**. Der Pilz ist zwar ein Saprophyt, das heißt, er ernährt sich von totem Material und baut es im Boden ab. Hängen tote Teile aber noch an lebenden Organen des Spargels, ist es für Fusarium kein Problem in diese hinein zu wachsen. Und damit wird der Pilz für die gesamte, bisher gesunde Pflanze gefährlich. Leicht lässt sich erkennen, dass Wurzeln und Krone innen braun geworden sind und verrotten. Eine direkte Bekämpfung ist unmöglich. Die Wachstumsbedingungen müssen optimal gestaltet werden, um die Gesundheit der Pflanzen und die Bildung von Abwehrkräften zu fördern. Dazu gehört es in erster Linie Staunässe zu vermeiden, auf die der Spargel während der Vegetationszeit überaus empfindlich reagiert. Jegliche Bodenverdichtung sollte vor der Pflanzung beseitigt werden, um ein schnelles Abfließen von überschüssigem Wasser zu ermöglichen. Stehen Pfützen im Beet, empfiehlt es sich das Wasser möglichst bald abzuleiten oder in einem Loch versickern zu lassen, damit die Sauerstoffversorgung der Wurzeln gewährleistet ist.

Pilzkrankheiten, ob im Boden oder an der Pflanze, lassen sich durch optimale Wachstumsbedingungen bei ihrer Ausbreitung eindämmen.

Pilzkrankheiten an den oberirdischen Pflanzenteilen

Spargelrost, *Puccinia asparagi*, ist ein sehr spezialisierter Pilz, da er nur auf Spargelpflanzen vorkommt. Während des Jahres tritt er in verschiedenen Erscheinungsformen auf. Im Mai sind Sporen (Pyknidien) in Form kleiner klebriger, gelblicher Pusteln zu sehen. Etwa 14 Tage danach entsteht eine weitere becherartige Sporenart, die orange gefärbt ist. Diese beiden Sporenarten sind nicht besonders gefährlich. Erst die braun gefärbten Sommersporen schädigen die Pflanzen etwa ab Juli durch die Zerstörung der Assimilationsorgane. Es können dann

Zur Info

Gefährliche Krankheiten

Pilze attackieren Spargelpflanzen

- *Fusariosen: Befall der Wurzeln durch Pilze der Gattung Fusarium*
- *Spargelrost: Zerstörung der Assimilationsorgane durch die Sommersporen von Puccinia asparagi*
- *Grauschimmel: Befall besonders von feuchten Pflanzenteilen durch Botrytis cinerea*
- *Stemphylium botryosum: Befall besonders bei feuchtwarmer Witterung ähnlich wie bei Grauschimmel*

Wintersporen von Spargelrost

keine Reservestoffe für die nächste Ernte gebildet werden. Die Erträge sinken nach einem stärkeren Befall im nächsten Jahr auf unter 50 %. Schließlich wird im Herbst der Kreislauf durch die Bildung von besonders dunklen Wintersporen abgeschlossen, die im Frühjahr wieder für die ersten farblosen Vermehrungssporen sorgen.

Die Ausbreitung der Krankheit wird durch Feuchtigkeit gefördert. Zur Vorbeugung sind daher Standorte ideal, bei denen die Pflanzen möglichst schnell abtrocknen können, um die Keimung der Sporen zu verhindern. Das Verbrennen von befallenem Spargelkraut ist nicht sinnvoll, weil bei dem Abtransport vom Beet eine ausreichende Menge an befallenen Pflanzenteilen für die nächstjährige Infektion übrig bleibt. Empfehlenswert ist der Einsatz von zugelassenen, speziell für Spargelrost geeigneten Pilzbekämpfungsmitteln wie Dithane Ultra® oder Polyram Combi®. Die Aufwandmengen sind strikt einzuhalten.

Grauschimmel (*Botrytis cinerea*) ist ein Allerweltspilz. Er benötigt für seine Ausbreitung abgestorbenes Material und Feuchtigkeit. Ihm genügen zum Beispiel tote Blütenteile oder Phyllokladienspitzen, wie sie bei einer Trockenperiode auftreten. In manchen Fällen ist er nur in den unteren Pflanzenpartien vorhanden, weil es dort feucht bleibt, während die oberen Spargelwedel abtrocknen und befallsfrei sind.

Feuchtigkeit und Wärme fördern alle Pilzkrankheiten an den oberirdischen Pflanzenteilen.

Kompost und andere organische Materialien erhöhen den Humusgehalt des Bodens.

Stemphylium botryosum ist noch nicht sehr lange bekannt; daher hat der Pilz keinen deutschen Namen, sondern nur einen lateinischen. Er liebt feuchte Witterungsverhältnisse, weshalb er in Norddeutschland häufiger zu großen Schäden führt als in Süddeutschland - von Ausnahmen abgesehen. Charakteristisch sind runde bis ovale Flecken am Stängelgrund, später auch an Haupt- und Seitentrieben. Das Innere der Flecken ist ausgeblichen, an deren Rand befindet sich eine rötlich-braune Zone. Wenn es regnet und die Temperatur über 15° C bis 20° C liegt, entwickeln sich schwarze Sporenbehälter. Dann verbreitet sich die Krankheit rasant. Auch hier sollte dafür gesorgt werden, dass die Pflanzen möglichst schnell abtrocknen. Eine optimale Standweite der Spargelanlage mit einem genügenden Abstand zu anderen Pflanzen ist zu beachten.

Düngung

Organische Düngung Im Garten fallen immer wieder organische Reste an, die auf dem Komposthaufen ihren richtigen Platz finden. Nach etwa einem Jahr haben sie sich zu einer dunklen, krümeligen Substanz entwickelt, die als Bodenverbesserungsmittel verwendet werden kann. Sie bringt sehr viel organische Masse mit, wodurch sich der Humusgehalt des Bodens steigern lässt. Hoher Humusgehalt bedeutet bessere Struktur des Bodens verbunden mit höherem Wasserspeichervermögen und größeren Nährstoffvorräten. Die organische Masse wird von der Kleinlebewelt des Bodens als Futter verwertet. Je sandiger der Boden ist, desto schneller findet der Abbau statt, weil ausreichende Mengen an Sauerstoff für die Atmung der Mikroorganismen zur Verfügung stehen. Deshalb sollte man ergänzend im Abstand von zwei Jahren 1,5 kg Kompost/m² ausstreuen und oberflächlich einarbeiten. Bei Spargel bietet sich die Zeit nach der Ernte an, weil die Umsetzungen in der Hauptvegetationszeit erfolgen, freigesetzte Stoffe von den Pflanzen aufgenommen werden können und keine Auswaschungen in den Untergrund zu erwarten sind. Negativ ist bei der Kompostverwendung, dass man meist nicht weiß, wie viele Nährstoffe den Pflanzen zur Verfügung stehen. Das kann große Bedeutung vor allem in Wasserschutzzonen haben.

Mineralische Düngung In den Jahren ohne organische Düngung sollte man durchaus zu einem Mehrnährstoffdünger greifen, weil man die

Zur Info

Nährstoffabfuhr durch die Ernte

Erntemenge 10 kg/10 m²	
Stickstoff (N)	*41 g*
Phosphor (P_2O_5)	*13 g*
Kalium (K_2O)	*37 g*
Kalzium (CaO)	*46 g*

Mit sinkenden Temperaturen im Herbst beginnen die Pflanzen Reservestoffe einzulagern und sich gelb zu färben.

Humus sorgt für ein aktives Bodenleben, für eine Steigerung des Bodenwassergehaltes und für die Bereitstellung von Nährstoffen.

Menge exakt berechnen und damit die so genannte Feldabfuhr ersetzen kann. Anhand von Untersuchungsergebnissen kennt man die Nährstoffmengen, die im Erntegut enthalten sind und somit dem Boden verloren

gehen. Die Werte werden in der Tabelle auf Seite 43 zusammengestellt.

Wenn man gewogen hat, wie viel Spargel geerntet wurde, ist eine Verlustberechnung recht einfach (siehe Tabelle auf Seite 36). Man sollte einen Dünger benutzen, in dem die Nährstoffe N : P_2O_5 : K_2O im Verhältnis 1 : 0,3 : 1 enthalten sind.

Ausgestreut und oberflächlich eingeharkt wird nach der Ernte, wenn die Pflanzen durchtreiben und in der Lage sind die Nährstoffe durch ihre Wurzeln aus der Bodenfeuchtigkeit aufzunehmen und in die Pflanzenteile einzubauen.

Der beste Zeitpunkt für die meisten Düngungsmaßnahmen ist nach der Ernte, wenn die Pflanzen in der Lage sind, die Nährstoffe aufzunehmen.

Hat der Boden einen pH-Wert von unter 5,5, sollte während des Winters Kalk in Form von kohlensaurem Kalk oder Mergel gestreut werden.

Strohabfuhr im Herbst

Im Herbst, und zwar etwa Ende November bis Anfang Dezember, wird das braune, trockene Stroh vom Beet entfernt und auf dem Komposthaufen deponiert. Früher wurde intensiv dafür geworben diese Reste zu verbrennen, um die Ausbreitung von Krankheiten zu verhindern. Heute weiß jeder Anbauer, dass beim Abschneiden und beim Abtransport zur Brennstelle viele infizierte Pflanzenreste abbrechen und auf den Boden fallen. Eine Verbreitung der Pilzsporen lässt sich so nicht einschränken. Deshalb ist das Kompostieren der beste Weg, vor allem, wenn man die Spargelstrohteile mit anderen Resten abdeckt, damit sie feucht bleiben und gut verrotten. In der Düngerbilanz sind die Strohreste mit ähnlichen Nährstoffmengen zu kalkulieren wie die Nährstoffabfuhr einer durchschnittlichen Ernte.

Spargelstroh sollte man im November oder Dezember abschneiden und auf den Komposthaufen bringen. Dort wird es zu Humus.

Fit und Gesund

Fit und Gesund

Gesundheit aus Spargel

Seinen Körper mit der richtigen Kost zu versorgen, muss keinesfalls zur Qual werden. Im Bereich Obst und Gemüse gibt es viele Arten, die sehr gut schmecken. Hierzu gehört der Spargel, ob weiß oder grün. Er war früher ein typisches Saisongemüse, das – im Frühjahr sehnsüchtig erwartet – ab Ende April geerntet werden konnte. Als erstes Produkt aus dem Garten galt er immer schon als gesundheitsfördernd.

Der Mensch ist gezwungen, sich seine Nahrung aus Produkten verschiedener Bereiche zusammenzustellen. Erst die Summe aller Inhaltsstoffe der Nahrungsmittel wird dem Bedarf des Körpers gerecht. Das ist der Grund, weswegen Ernährungswissenschaftler den Menschen als Mischköstler bezeichnen. Er bezieht seinen Bedarf an Fetten, Kohlenhydraten, Proteinen, Vitaminen und Mineralstoffen aus einer Vielzahl von tierischen und/oder pflanzlichen Lebensmitteln. Neben diesen Stoffen wurde in den letzten Jahren die Bedeutung von Antioxidanzien in Gemüse und Obst erkannt, die freie Radikale und aggressive Sauerstoffverbindungen in der menschlichen Zellchemie inaktivieren. Freie Radikale zerstören alles, womit sie in Berührung kommen, einschließlich unserer Erbsubstanz (DNA).

Wie seine Artbezeichnung „officinalis" erkennen lässt, galt der Spargel schon seit jeher als Arzneipflanze.

Da sich Spargelstangen aus den im Vorjahr angelegten Reservestoffen bilden, haben sie im Vergleich zu anderen Gemüsearten eine arteigene chemische Zusammensetzung. Dennoch differieren Bleichspargel und Grünspargel wegen ihres unterschiedlichen Entwicklungsstadiums. Insgesamt stellt Spargel aber eine gute Ergänzung der übrigen Lebensmittel pflanzlichen Ursprungs dar. Bedauerlicherweise ist die Erntedauer zeitlich begrenzt.

■ Zunächst der Geschmack

In den letzten Jahren wurde im Institut für Qualitätsanalytik in Quedlinburg intensiv untersucht, welche Substanzen den Spargelgeschmack und den Spargelgeruch bestimmen. Seit dieser Zeit wissen wir, dass der Sinneseindruck „Geschmack" bei dieser Gemüseart zu 85 % von flüchtigen Substanzen, die als Aroma bezeichnet werden, geprägt wird. Diese Stoffe werden von der Nase beim Riechen oder während des Kauens über die Riechschleimhäute wahrgenommen. Die flüchtigen Aromastoffe bestehen aus einer ungeheuren Vielzahl der verschiedensten Düfte. Fachleute, die sich mit diesem Aufgabenbereich befassen, müssen an einer mehrwöchigen Schulung teilnehmen, um beim Riechen Unterschiede feststellen zu können.

Nicht alle chemischen Inhaltsstoffe, die man mit modernen Methoden, zum Beispiel mit der Gaschromatografie, bestimmen kann, haben eine prägende Wirkung. Vor dem Test wird aus den Spargelstangen durch Kochen ein Extrakt hergestellt, der in einen Chromatografen eingefüllt wird. Dieses Gerät analysiert die Substanzen und druckt schließlich ein Chromatogramm aus, auf dem je nach Untersuchungsdauer so genannte Peaks in verschiedener Höhe Auskunft über die Menge der flüchtigen Substanzen geben. So hat man bei Spargel über einhundert verschiedene geschmacksbildende organische Verbindungen gefunden.

Fortschritte in der Labortechnik haben zu neuen Erkenntnissen in der menschlichen Ernährung geführt.

Um nun aber etwas über die Bedeutung der einzelnen Stoffe zu erfahren, kombiniert man die Analyse durch den Chromatografen mit dem so genannten Schnüffeltest. Während der chemischen Untersuchung wird ein Teil der flüchtigen Extrakte abgezweigt und über Schläuche zur Nase der Tester geleitet. Die Ergebnisse zeigen, dass dieses menschliche Organ viel empfindlicher ist als jedes Hightech-Gerät. So wird von den Testern der Geruchsqualität mancher Stoffe eine wesentlich höhere Bedeutung zugemessen als zu erwarten war.

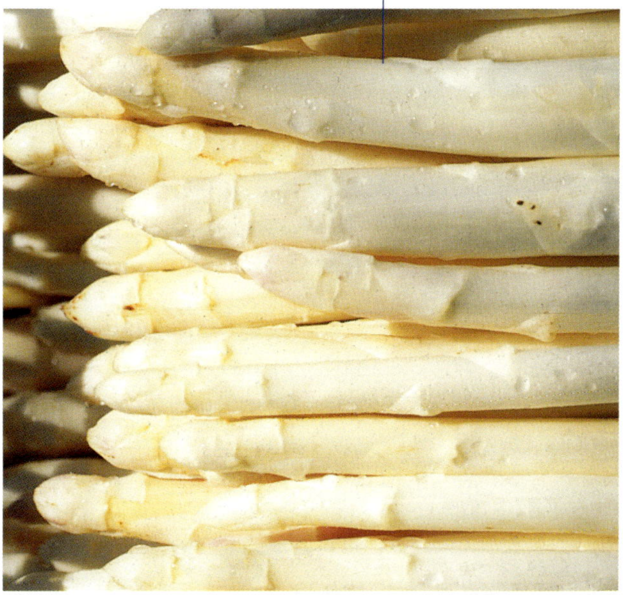

Unsortierte Spargelstangen

Bei der Auftrennung erkennen die Beteiligten Gerüche wie nach Schwefel oder Butter, nach grünem Gras, nach Nüssen, Erde, gekochten Kartoffeln oder auch Blumen. Erschrocken ist man über Gerüche wie nach Gummi oder Frittierfett. Ganz offensichtlich ist das beliebte Spargelaroma ein ausgewogenes Gemisch aus den verschiedensten Komponenten.

Auch die Amerikaner untersuchten den Geschmack von Bleichspargel und verglichen ihn mit Grünspargel. Sie fanden bei Grünspargel ein grasiges Aroma mit einem Geruch nach Gurken und Spinat. Bleichspargel erinnerte an Süßkartoffel, Zuckermais und Butter.

Die Intensität des Geschmackes wird von der Sorte, aber auch von der Jahreszeit und von Kochprozessen, in denen organische Verbindungen umgewandelt werden, bestimmt. Je nach Erntezeitpunkt wird über einen bitteren, einen süßen, einen aromatischen aber auch einen faden Geschmack berichtet. Das hängt auch mit der Menge anderer Inhaltsstoffe zusammen, die durch Wachstumsfaktoren wie Wärme, Wasser oder Nährstoffe beeinflusst werden. Weitere Ge-

Inhaltsstoffe des Bleichspargels mit sensorischer Wirksamkeit

Substanzgruppe	**wirksame Substanzen**	**sensorische Wirkung**
Kohlenhydrate	*Pentosane, Hexosane, Zellulose*	*auf Konsistenz → bissfest*
Fruchtsäuren	*Apfelsäure, Zitronensäure, Chinasäure u.a.*	*auf Geschmack → sauer*
Zucker	*Saccharose, Glukose, Fruktose*	*auf Geschmack → süß*
Saponine	*Asparasaponin I*	*auf Geschmack → bitter*
Phenolische Verbindungen		*auf Konsistenz, Färbung, Geschmack*
	Flavonoide und Glykoside	*süß, bitter*
	Hydroxyzimtsäuren, -benzoesäuren	*eventuell Mundgefühl*
	Lignin	*adstringierend, metallisch*
Flüchtige Komponenten		*auf Aroma*
	Dimethylsulfid	*spargeltypisch, schwefelig*
	2,3-Butandion (Diacetyl)	*butterartig, süß*
	Asparaginsäureester	*spargelartig*
	Pyrazine	*grün, erdig, nussig*
	gesättigte Alkohole	*muffig*
	ungesättigte Alkohole	*grün*
	Benzylalkohol	*blumig*
	Vanillin	*vanilleartig*
	4-Vinylphenol	*brenzlig*
	4-Vinylguajakol	*würzig, holzig*

schmacksfaktoren sind neben Aromastoffen wie Dimethylsulfid (schwefelhaltig) chemische Verbindungen wie Zucker (süß) oder Polyphenole (rostrote Verfärbung an Schnittstellen) und die seifigen Saponine (bitter). Faserigkeit beziehungsweise Verholzungen beruhen auf Lignin und Verfärbungen auf Anthozyanen.

Inhaltsstoffe des Spargels

Die Zusammensetzung des Spargels ist von der Bodentemperatur, von der Bodenzusammensetzung und seinem Wassergehalt sowie den Nährstoffvorräten abhängig. Im Durchschnitt befinden sich in 100 g Spargel 93 g Wasser und 7 g Trockensubstanz. Die Stangen entwickeln bei höheren Temperaturen und einem schnelleren Wachstum ein zarteres Gewebe mit einem höheren Wassergehalt als in kühleren Zeitabschnitten. Der Anteil der Faser- oder Ballaststoffe (Zellulose oder Lignin) lässt die gleichen Einflüsse erkennen. Zusammen mit einem Nährwert von nur 15 kcal pro 100 g ist Spargel ideal für eine Frühjahrskur geeignet.

Zusammensetzung des Spargels

pro 100 g essbarer Bestandteile	
Wasser	92,9 g
Proteine	2,1 g
Fette	0,2 g
Kohlenhydrate	4,1 g
Mineralstoffe	0,7 g
Faserstoffe	0,8 g
Brennwert	15 kcal / 64 kJ

Mineralstoffe Ein großer Teil der Mineralstoffe, ob Makro- oder Spurenelemente, die der Mensch für den Aufbau und die Erhaltung des Körpers benötigt, stammt aus pflanzlichen Quellen. Sie spielen eine wichtige Rolle im Wasserhaushalt des Organismus. Der Körper achtet mittels zahlreicher Mechanismen auf eine Ionenverteilung, deren Ladungen gegenseitig elektrisch neutral sind (Isotonie). Diese Vorgänge werden durch Hormone gesteuert. Die meisten Mineralstoffe werden zum Aufbau des Skeletts und der Zähne verwendet.

Mineralstoffgehalt von Spargel

pro 100 g essbarer Bestandteile	
Wasser	92,9 g
Stickstoff	250-350 mg
Phosphor	35-62 mg
Kalium	187-280 mg
Kalzium	20-22 mg
Magnesium	19-22 mg
Natrium	2-5 mg
Zink	5-12,5 mg
Mangan	4-6 mg
Eisen	7-12 mg

Natriumchlorid befindet sich überwiegend außerhalb des menschlichen Zellverbandes (extrazellulär). Es ist ein wichtiger Bestandteil unseres Wasserhaushaltes und muss wegen der ständigen Ausscheidungen über den Urin oder beim Schwitzen immer wieder ersetzt werden. Es darf andererseits wegen seines Einflusses auf das Flüssigkeitsvolumen des Körpers nicht im Übermaß genossen werden. Gemüse gehört zu den ideal natriumarmen Lebensmitteln und Spargel hat im Vergleich zu anderen Arten einen besonders niedrigen Gehalt.

Spargel hat einen geringen Gehalt an Kochsalz, ergänzt aber den Kaliumhaushalt des Menschen.

Gemüse spielt bei der **Kalium**versorgung des menschlichen Körpers wegen seiner hohen Mengen eine bedeutende Rolle. Die Konzentrationen in den Pflanzen sind allerdings, das gilt auch für Spargel, sehr stark von den Bodenvorräten und dessen Wassergehalt abhängig. Wird eine Liste der Gemüsearten und ihrer Kaliumgehalte aufgestellt, befindet sich Spargel im unteren Drittel. Kalium wird während der Verdauung vorzugsweise im Dünndarm aufgenommen und dann zu 98 % in die Zellen eingelagert. Im Körper ist dieser Mineralstoff über Nervenreizleitungen an Muskelkontraktionen, an der Ausschüttung von Hormonen und an der Aktivierung einiger Enzyme beteiligt. Von Kalium nimmt man außerdem an, dass es den Blutdruck senkt. In den Spargelstangen ist das Kalium-Kalzium-Verhältnis größer zugunsten des Kaliums als in anderen Gemüsearten, was für die entwässernde Wirkung des Spargels verantwortlich ist.

Auch die Aufnahme von **Kalzium** in die Pflanze wird von der Bodentemperatur beeinflusst. Bleichspargel beginnt zu wachsen, wenn die Bodentemperatur 12° C überschreitet. Anfänglich kann die Pflanze wegen der Struktur dieses Minerals weniger Kalzium aufnehmen als bei höheren Temperaturen. Dementsprechend schwankt der Gehalt im Erntegut erheblich. Im menschlichen Körper ist Kalzium mengenmäßig der wichtigste Mineralstoff. 99 % werden als Bausteine von Knochen und Zähnen verwendet. Schwangere Frauen müssen sehr auf ihre Kalziumversorgung achten, da der Embryo große Mengen abzieht. Das Gleiche gilt für die Zeit nach der Menopause, wenn Osteoporose, eine Kalziumstoffwechselstörung, droht. Die restliche Kalziummenge von 1 % hat wichtige Aufgaben im Organismus. Hierzu zählt die hormonelle Steuerung des Kalziumgehaltes im Blut, wobei die Regulierung und Reaktion über die Nebenschilddrüse erfolgt. Die Aufnahme an Kalzium aus pflanzlichen Lebensmitteln wird durch gleichzeitige Aufnahme von Aminosäuren im Magen-Darm-Trakt gefördert.

Spargel nimmt bei niedrigen Bodentemperaturen weniger Kalzium auf als bei höheren.

Phosphor verbindet sich, wenn es im Dünndarm absorbiert wurde, mit Proteinen, Kohlenhydraten, Fetten und Nukleinsäuren der Zellen sowie mit Vitaminen. Die Aufnahme wird durch Vitamin D und einen hohen pH-Wert gefördert, aber durch Eisen, Aluminium und Kalzium vermindert. Phosphor besitzt eine überragende Bedeutung im Stoffwechsel. Seine Verbindungen in Form von ATP (Adenosintriphosphat) sind für den Transport, die Speicherung und die Verwertung von Energie zuständig. Der Körper hat sich hiermit ein System geschaffen, das sich auf ein hohes Energieniveau aufladen lässt und dann mit diesem Leistungspool eine Arbeit erfüllt, zum Beispiel biosynthetisch wirksam wird, Zellen osmotisch reguliert oder eine mechanische Tätigkeit durchführt. Wenn der Vorrat an Energie verbraucht ist, kann die „Batterie" wieder aufgeladen werden. Da der Körper Phosphor sehr flexibel einsetzt, gibt es praktisch keine Mangelerscheinungen. Wissenschaftler behaupten, dass dieses Element im Körper täglich etwa 10-mal umgeschlagen wird. Da eine Spargelstange ein Organ mit einem starken Wachstum ist, nimmt die Pflanze im Vergleich zu anderen Gemüsearten relativ große Mengen an Phosphor auf, die dann bei der Verdauung im menschlichen Darm freigesetzt und absorbiert werden können.

Phosphor spielt im Energiehaushalt des Körpers eine bedeutende Rolle.

Da Spargel im Vergleich zu anderen Gemüsearten sehr viel **Magnesium** enthält, ist er für die Versorgung eines Mischköstlers, der 66 % seines Magnesium-Bedarfes aus Getreide

und Gemüse entnimmt, interessant. Dieses Element ist eines der wichtigen Bestandteile der extrazellulären Körperflüssigkeiten. Bedauerlicherweise führt eine Zubereitung wie Wässern, Blanchieren oder Kochen zu Verlusten. Magnesium ist im menschlichen Körper an etwa 300 Enzymen und Enzym-Systemen beteiligt. Es wirkt in allen Stoffwechselvorgängen, zum Beispiel bei Erregungsübertragungen von den Nerven zu den Muskeln und bei der dann folgenden Muskelkontraktion. Weiter spielt es bei dem Nukleinsäurestoffwechsel und bei der Freisetzung von Hormonen eine Rolle. Bei einseitiger Ernährung mit stark verarbeiteten Lebensmitteln, wie sie von Fast-Food-Ketten angeboten werden, kann Mangel auftreten, da im Gegensatz zu Kalzium eine Mobilisierung aus dem Skelett nicht erfolgt. Außerdem kann unter diesen Verhältnissen ein Ungleichgewicht der Ionenzusammensetzung in der Zelle entstehen. Die Folgen sind Muskelschwäche, Gefühllosigkeit, Zittern und Herzrhythmusstörungen.

Der relativ hohe **Stickstoff**gehalt im Spargel regt die Tätigkeit der Nieren an und führt zur diuretischen (harntreibenden) Wirkung des Spar-

Zur Info

Auch Spargel enthält Mikro- oder Spurenelemente

Neben den „Makroelementen" haben einige „Spurenelemente", die auch im Spargel vorhanden sind, trotz winziger Mengen wichtige Aufgaben im Körper zu erfüllen.

Dazu gehören Eisen, das im Blut gebunden wird, Jod, ein unabdingbarer Bestandteil der Schilddrüsenhormone, Fluor, das Kariesbefall vorbeugt, Zink mit seinen hohen Werten in der Netzhaut, in Knochen, in Hoden, in der Leber, in Haaren und in der Haut. Außerdem ist es für die Stabilisierung der DNA verantwortlich. Mangan ist in vielen Enzymen beteiligt. Von der Kupfergesamtmenge des Körpers kann man 15 % in der Leber und 10 % im Gehirn analysieren. Schließlich ist Kobalt ein Bestandteil von Vitamin B12. Erfreulich ist, dass die giftigen Schwermetalle Blei und Cadmium von Spargel nicht aufgenommen werden.

Verteilung der Mineralstoffe in der Spargelstange

(Durchschnittswerte von Bleichspargel und Grünspargel)

	% in der Trockenmasse				
	Stickstoff	***Phosphor***	***Kalium***	***Kalzium***	***Magnesium***
Kopfteil	*6,79*	*0,97*	*3,42*	*0,26*	*0,21*
Mittelteil	*4,47*	*0,64*	*3,10*	*0,23*	*0,19*
Basis	*3,25*	*0,49*	*2,88*	*0,15*	*0,15*

Mineralstoffgehalte von Grün- und Bleichspargel

	% in der Trockenmasse				
	Stickstoff	***Phosphor***	***Kalium***	***Kalzium***	***Magnesium***
Grünspargel	*4,75*	*0,69*	*2,98*	*0,16*	*0,18*
Bleichspargel	*4,00*	*0,58*	*2,77*	*0,13*	*0,18*

Unterschiedliche Entwicklungsstadien führen bei Bleich- und Grünspargel zu unterschiedlichen Mineralstoffgehalten.

gels. Manche Ärzte warnen Patienten, die eine Neigung zu Nierensteinen haben und unter hohen Blut-Harnsäurewerten leiden, vor dem Genuss von Spargel. Das ist wenig verständlich, da gerade diese Gemüseart die Nieren durchspült.

Kohlenhydrate und Ballaststoffe

Diese Stoffgruppe nimmt in der menschlichen Ernährung eine wichtige Rolle ein. Der Körper kann die Kohlenhydrate leicht verwerten und gewinnt hieraus ein hohes Maß an Energie. Zu den Kohlenhydraten gehören die verschiedensten Zucker. Charakteristisch ist ihre leichte Umwandelbarkeit in höher- oder niedermolekulare Verbindungen. So mobilisiert zum Beispiel die Pflanze für den Aufbau der Spargelstangen die Stärkereserven in den Speicherwurzeln und im Rhizom, wandelt sie in leicht transportierbare Zucker um und führt sie den Knospen zu. Dort werden sie im Laufe der Wachstumsprozesse zur Bildung von Zellulose oder anderen Substanzen verwendet. In den Stangen liegen dann 80 bis 95 % der Kohlenhydrate als freie Zucker in Form von Glukose, Fruktose und Saccharose vor. Sie sind für den süßlichen Geschmack des Spargels verantwortlich. Im unteren Stangenteil sind 15-mal mehr Zucker vorhanden als im oberen, da dort beim Längenwachstum die Kohlenhydrate verbaut werden. Die Spargelstangen enthalten pro 100 g Frischmasse 0,8 bis 1,0 g Glukose und Fruktose. Die Menge der übrigen Zucker wie Sukrose sowie die Gruppe der Pentosane und Hexosane beträgt etwa 0,2 g/100 g.

Während der Erntezeit hat die Gesamtpflanze den niedrigsten Gehalt an Kohlenhydraten des ganzen Jahres, da sie durch das Wachstum der Sprosse verbraucht werden, die Pflanze aber ohne oberirdische grüne Organe keine neuen Kohlenhydrate bilden kann.

Erwähnenswert sind die Kohlenhydratderivate (Abkömmlinge) der Polyuronsäure, die zwar nur in geringen Konzentrationen (0,2 g/100 g) vorhanden sind, aber im menschlichen Körper die wichtige Aufgabe der Entgiftung übernehmen. Phenole zum Beispiel, die man im Spargel in rostroten Gewebeteilen nachweisen kann, werden an Glukuronsäuren gekoppelt und dann im Urin über die Nieren ausgeschieden.

In den letzten Jahren hat man erkannt, dass Ballaststoffe, Bestandteile der pflanzlichen Zellwände, bei der Verdauung sehr wichtig sind. Die Nahrung sollte etwa 2 bis 5 % an Ballaststoffen in Form von schwer verdaulicher Zellulose und Ligninen sowie von Hemizellulose, die von den Darmbakterien teilweise aufgespalten und resorbiert werden kann, enthalten. Werte darunter und darüber stören das Wohlbefinden des Menschen. Ballaststoffe sind teilweise quellungsfähig, dämpfen das Hungergefühl und beschleunigen die Transitzeit im Darm. Dadurch können Krebs erzeugende Abbauprodukte nur kurze Zeit mit den Darmschleimhäuten Kontakt aufnehmen. Der Befall mit Magen- und Darmkrebs wird reduziert. Schließlich wird ballaststoffreichen Lebensmitteln mit einem hohen Gehalt an wasserlöslichen Komponenten eine cholesterinsenkende Wirkung von 5 bis 10 % nachgesagt.

Proteine Proteine sind wegen ihrer unglaublich großen Vielfalt eine außerordentlich interessante Stoffgruppe. Es sind hochmolekulare, sehr komplexe Naturstoffe, deren Grundeinheiten aus Aminosäuren bestehen und bei jeder Pflanzenart eine ganz spezifische Sequenz besitzen. Bis jetzt sind über 1000 Proteine bekannt, die ihrerseits aus bis zu 10 000 Aminosäuren bestehen. Die Grundsubstanzen sind Kohlenstoff, Wasserstoff und Sauerstoff. Darüber hinaus werden Stickstoff und Schwefel mit eingebunden. Die Variabilität wird durch Bindungen mit Kohlenhydraten, Fettstoffen, Mineral- und Farbstoffen gesteigert.

Im pflanzlichen Stoffwechsel ist die Möglichkeit des Aufbaues, des Abbaues und Umbaues faszinierend groß. So hat sich die Natur die Möglichkeit geschaffen, mit diesen Substanzen äußerst sparsam und flexibel umzugehen. Proteine haben folgende Funktionen: Synthese von Körpermasse, Aufbau von Muskelgewebe, Erneuerung der Zellen, Energiequelle, Hormone und Enzyme, Einfluss auf den osmotischen Wert der Körperflüssigkeiten, Transportproteine, Antikörper und Gerinnungsfaktoren sowie Schaffung von Strukturbestandteilen. Ein normal ernährter Mensch hat etwa 10 bis 11 kg körpereigenes Protein.

Es ist wichtig, dass in unserer Nahrung aus der großen Zahl von Aminosäuren die so genannten 20 essenziellen enthalten sind. Sie kommen selbstverständlich auch im Spargel vor. Essenziell heißt, der menschliche Körper braucht diese Stoffe, da er nicht in der Lage ist, sie selbst zu synthetisieren.

Die Funktion der Proteine im Körper ist unglaublich vielfältig. Viele müssen dem Körper zugeführt werden, da er sie nicht selbst herstellt.

Zur Info

Ernährungsphysiologisch wichtige Inhaltsstoffe

Die essenziellen Aminosäuren wirken unterschiedlich im menschlichen Körper:

- *Methionin und Cystein (wird im Körper aus Methionin gebildet) sind die Hauptschwefelquellen. Methioninmangel führt zu Leberverfettung.*
- *Phenylalanin und Tyrosin sind für die Synthese der Hormone Adrenalin und Thyroxin notwendig. Auch der Farbstoff Melanin, der in der Haut, im Haar und in der Augenhaut vorhanden ist, stammt aus Phenylalanin.*
- *Histidin ist eine wichtige Aminosäure für Säuglinge. Es steuert während der Wachstumsperiode den Gewebeaufbau. Aus Histidin kann auch Histamin gebildet werden, das die Salzsäuresekretion im Magen stimuliert, den Blutdruck senkt, die Darmperistaltik steigert und Entzündungen hemmt.*
- *Tryptophan ist bei der Synthese des Vitamins Nicotinsäure und des Serotonins, einem Neurotransmitter, beteiligt.*

Essenzielle Aminosäuren in Spargel

pro 100 g essbarer Bestandteile	
Isoleucin	*69 mg*
Leucin	*63 mg*
Lysin	*83 mg*
Methionin + Cystein	*24 mg*
Phenylalanin + Tyrosin	*55 mg*
Threonin	*56 mg*
Tryptophan	*23 mg*
Valin	*91 mg*
Histidin	*31 mg*

Vitamine Der Körper kann Vitamine nicht oder nur in unzureichenden Mengen selbst aufbauen (synthetisieren). Damit sind sie mit den essenziellen Proteinen vergleichbar. Die Mengen, die der Körper braucht, sind teilweise sehr klein. Überschüsse, die weder benötigt noch gespeichert werden können, scheidet der Organismus über den Urin oder den Stuhl aus. Die Vitamine gliedert man in fettlösliche und wasserlösliche Substanzen. Ihre physiologische Wirkung ist anabolisch (aufbauend) zum Beispiel bei der Hormonsynthese oder katabolisch (abbauend) zum Beispiel bei der Inaktivierung toxischer Stoffe.

Bleichspargel kann, weil er noch nicht assimiliert und die Substanzen für die Produktion der Spargelstangen aus den Speichervorräten der Wurzeln mobilisiert, bestimmte Vitamine nicht in gleicher Höhe besitzen wie andere Gemüsearten. Dennoch sind bis zu 10 Vitamine nachzuweisen, welche die Zufuhr aus anderen Quellen gut ergänzen.

Grünspargel hoher Qualität, fertig gebündelt und bereit zur weiteren Verarbeitung

Vitamingehalt von Spargel

pro 100 g essbarer Bestandteile	
Vitamin A Bleichspargel	0,03 mg
Vitamin A Grünspargel	3,87 mg
Vitamin B1	0,1-0,3 mg
Vitamin B2	0,12-0,2 mg
Vitamin B6	0,06 mg
Nicotinsäure	0,5-1,0 mg
Folsäure	0,086 mg
Vitamin C Bleichspargel	21 mg
Vitamin C in Bleichsp. Spitze	56 mg
Vitamin C Grünspargel	38 mg
Pantothensäure	0,62 mg
Vitamin E	2,1 mg
Vitamin K	0,04 mg

Vitamin A hat Funktionen beim Sehvorgang (bei Mangel gibt es Nachtblindheit), wobei Wechselbeziehungen (Interaktionen) mit Zink nachgewiesen wurden, sowie bei der Bildung der Haut und allen Schleimhäuten. Außerdem ist es im Bereich der Fortpflanzungsorgane aktiv. Schließlich inaktiviert es Sauerstoffradikale. Es wird aus Karotinoiden des Blattgrüns, die Provitamin-A-Aktivitäten besitzen, gebildet. Vitamin A kann im Bleichspargel nur in geringen Mengen vorhanden sein. Anders ist es beim Grünspargel mit seinem sichtbaren Chlorophyllgehalt. Bei der Zubereitung muss beachtet werden, dass Vitamin A beim Kochen leicht zerstört wird.

Der Vitamin-A-Gehalt in Grünspargel ist über 100-mal höher als in Bleichspargel.

Acht Substanzen aus der Reihe der Tocopherole werden im **Vitamin E** zusammengefasst, das in allen menschlichen Geweben, speziell aber im Fettgewebe lokalisiert ist. Das Vitamin gilt als einer der wichtigsten Radikalfänger des fettlöslichen Milieus und wirkt gegen Radikale bildende Schwermetalle, Medikamente und Luftschadstoffe. Außerdem hat es einen produktiven Einfluss auf das Nervensystem. Mit den Vitaminen C und Beta-Karotin sowie mit Selen wurden Interaktionen festgestellt. Im Vergleich zu anderen Gemüsearten hat Spargel einen sehr hohen Gehalt an Vitamin E in Form von Alpha-Tocopherol.

Tocopherol wird auch als Fertilitätsvitamin bezeichnet. Das Alpha-Tocopherol ist die biologisch wichtigste Form dieses fettlöslichen Vitamins.

Vitamin K setzt sich aus mehr als 100 Verbindungen zusammen, die alle eine gleichgerichtete Wirksamkeit besitzen. Es bestehen Synergien mit den Vitaminen A, E und C. Antagonisten sind dagegen Sulfonamide, Antibiotika, Salicylate und chlorierte Phenole. Vitamin K wird von der Darmflora aus grünen Pflanzenbestandteilen synthetisiert und im Dünndarm zu etwa 40 bis 80 % aufgenommen. Die Speicherung erfolgt in der Leber. Im menschlichen Stoffwechsel ist Vitamin K gemeinsam mit Kalzium an der Zusammensetzung der Blutgerinnungsfaktoren mit sieben Proteinen beteiligt. Daraus entsteht der bekannte Stoff „Prothrombin“. Schließlich haben Wissenschaftler nachgewiesen, dass Vitamin K bei der Bildung von Osteokalzin gegen Osteoporose eine Rolle spielt. Auch Menadion, eine der Vitamin-K-Verbindungen in der Stangenspitze des Spargels, gilt als ein hochwirksames Antimutagen, das heißt, es verhindert Veränderungen im Erbgut und scheint in der Pflanze als Phytoalexin zu wirken, es schützt also vor Pilzkrankheiten.

Vergleicht man den Gehalt an Vitamin K von Spargel mit dem anderer Gemüsearten, steht er auf einem guten Platz im oberen Drittel.

Die nachfolgenden Vitamine unterscheiden sich von der ersten Gruppe durch ihre Wasserlöslichkeit. **Vitamin B1** (Thiamin) wird beim Kochen leicht aus dem Gewebe gelöst. Um Thiamin zu verwerten, wäre es ratsam das Kochwasser als Basis für eine Spargelsuppe zu verwenden. Mangel tritt beim Menschen ein, wenn übermäßige Mengen an Kohlenhydraten, wie in Asien beim ausschließlichen Verzehr von Reis, gegessen werden. Im Endstadium entsteht eine Krankheit, Beriberi genannt, bei der das Herz-Kreislauf-System und das Nervensystem betroffen sind. Auch bei chronischem Alkoholismus ist Mangel zu erwarten. Spargel hat verglichen mit anderen Gemüsearten einen sehr hohen Vitamin B1-Gehalt.

Die Vitamin B-Gruppe setzt sich aus verschiedenen Substanzen mit speziellen Aufgaben zusammen.

Ein anderes Vitamin aus der B-Gruppe ist das weit verbreitete **Vitamin B2** (Riboflavin). Es wirkt als Coenzym bei der Umsetzung von Medikamenten, beim Fettstoffwechsel, bei der Hämoglobinreduktion, beim Wachstum, bei der Entwicklung von Embryonen und der Erhaltung des Nervensystems. Bei Mangel treten entzündliche Hautveränderungen und Wachstumshemmungen auf. Es soll außerdem im Magen und Darmtrakt antimutagen wirken. Spargel besitzt erfreulicherweise reichliche Mengen an Vitamin B2.

Nicotinsäure gehört zu den stabilen, im Pflanzenreich weit verbreiteten Vitaminen. Tryptophan ist die Ausgangssubstanz, aus der im Dünndarm Nicotinsäure gebildet und dann absorbiert wird. Nicotinsäure reagiert als Coenzym bei Energie liefernden Prozessen (z.B. im Tricarbonsäurezyklus). Weiter wirkt es bei der Vervielfältigung von DNA und bei der Zelldifferenzierung mit. Eine Mangelerscheinung ist die so genannte Pellagra, eine Hautkrankheit. Spargel hebt sich unter den Gemüsearten durch einen hohen Gehalt an Nicotinsäure ab.

Vitamin B6 oder Pyridoxin ist in allen menschlichen Geweben teilweise in niedrigen Konzentrationen vorhanden. Es baut leicht ab und wird beim Kochen zu 30 bis 45 % zerstört. Nach der Aufnahme im Darm wird es im Blut zu den Muskeln transportiert, die einen Pool von 80 bis 90 % des Gesamtgehaltes im Körper besitzen. Es ist fantastisch, an welchen Funktionen Vitamin B6 als Coenzym mitwirkt. Man kennt über 100 enzymatische Reaktionen, zum Beispiel beim Aminosäurestoffwechsel, beim Fettstoffwechsel, im Nervensystem, beim Erythrozytenstoffwechsel (rote Blutkörperchen), im Immunsystem und bei der Hormonmodulation. Es gibt jedoch Gemüsearten, die größere Vorräte an Vitamin B6 besitzen als Spargel.

Pantothensäure oder Coenzym A muss dem Körper über grüne Pflanzen zugeführt und über Mikroorganismen im Körper synthetisiert werden. Sie ist wasserlöslich und hitzelabil. Hauptlagerorte sind Leber, Nebenniere, Niere, Gehirn und Herz. Sie spielt im Lipidstoffwechel (Fettstoffwechsel), bei der Entstehung von Membranphospholipiden, bei der Synthese von Cholesterin und Steroidhormonen eine wichtige Rolle. Beim Konsum von Spargel werden dem Körper relativ große Mengen an Pantothensäure zugeführt.

Auch **Folsäure** ist wasserlöslich und hitzelabil. Ein Mangel entsteht, wenn durch die Aufnahme von Sulfonamiden und Antibiotika die Entwicklung der Darmbakterien, welche die Folsäure bereitstellen, gehemmt wird. Bei einer Reihenuntersuchung pflanzlicher Nahrungsmittel hatte Spargel die höchsten Mengen direkt aufnehmbarer Folsäure. Da bei einer Lagerung Folsäure relativ schnell ab-

Grünspargel hat einen deutlich höheren Vitamin A- und C-Gehalt als Bleichspargel.

gebaut wird, sollte Spargel möglichst frisch verarbeitet werden. Die Speicherung erfolgt wieder in der Leber. Folsäure wirkt als Enzym bei der Biosynthese von Aminen im Gehirn, bei der Zellteilung und Zelldifferenzierung. Zwischen Folsäure und Vitamin B12 bestehen synergistische Beziehungen.

Biotin ist an enzymatischen Funktionen im Fettsäure- und Aminosäurestoffwechsel, außerdem am Tricarbonsäurezyklus, am Zellwachstum sowie an der DNA-Synthese beteiligt. Bei Biotinmangel sind Dermatitis und Haarausfall zu beobachten. Spargel enthält zwar Biotin, aber nicht in allzu großen Mengen.

Das bekannteste Vitamin ist **Vitamin C** (Askorbinsäure). Der menschliche Körper deckt seinen Bedarf durch tierische und pflanzliche Lebensmittel. Die Wirkungsweise im Organismus ist sehr vielfältig, gesteigert durch ein Zusammenspiel mit den Vitaminen A, E, B6, B12, K und Pantothensäure. Der Abbau erfolgt bedauerlicherweise relativ schnell, zum Beispiel beim Warmhalten oder bei der Verwendung von kupferhaltigen Töpfen. Im Körper befindet sich eine Reserve von etwa 1500 mg, die täglich um 4 % abgebaut wird. Im Gehirn ist der Gehalt besonders hoch. Um den Pool aufrecht zu erhalten, wird eine Ergänzung von 60 bis 75 mg pro 24 Stunden empfohlen. Übermengen werden mit dem Urin ausgeschieden.

Eine Unterversorgung macht sich in Schwächegefühlen und Müdigkeit, aber auch in Blutungen der Haut, der Schleimhäute, der inneren Organe, des Zahnfleisches und der Muskeln bemerkbar. Erfreulicherweise tritt Skorbut als schwerste Vitamin-C-Mangelerscheinung heute nur noch selten auf.

Das meiste Vitamin C befindet sich in der Spargelspitze.

Vitamin C ist zusammen mit acht Enzymen beim Aufbau des Binde- und Stützgewebes sowie an der Wundheilung und Narbenbildung beteiligt. Es bestehen Wechselwirkungen mit Hormonen und eine Steigerung der Absorption von zweiwertigem Eisen. Die größte Bedeutung der Askorbinsäure sehen Mediziner in der Wirkung als Antioxidans. Sie ist der effektivste Radikalfänger und deaktiviert Substanzen, die DNA und Proteine schädigen. Trotz seines unterirdischen Wachstums enthält Spargel erstaunlicherweise mehr Vitamin C als manch anderes Gemüse.

Zur Info

Geschmacksstoffe

Unter Glykosinolaten (Senfölglykoside) versteht man Verbindungen zwischen Zucker und schwefelhaltigen Molekülen.
Sie gelten als Aromastoffe. Im Verdauungstrakt des Körpers hemmen sie die Entwicklung von schädlichen Mikroorganismen. Man nimmt an, dass sie das Auftreten von Darmkrebs verhindern können. Dass Spargel eine nicht unbedeutende Menge an Schwefelverbindungen besitzt, kann jeder Konsument etwa ein bis zwei Stunden nach dem Essen an dem aufdringlichen Geruch des Urins feststellen.

Sekundäre Pflanzenstoffe treten im Pflanzenreich in großer Variation als Farb-, Duft- oder Lockstoffe auf. Sie werden dort zum Beispiel zur Abwehr von Schädlingen benutzt, sind Pflanzenhormone, Gerüstsubstanzen oder Schutzstoffe. Sie kommen wiederum nur in sehr kleinen Mengen vor und wurden eine ganze Zeit lang als nicht besonders wichtig angesehen, ehe man ihre Bedeutung für die Abwehr menschlicher Krankheiten entdeckte.

Sekundäre Pflanzenstoffe sind sowohl für den Geschmack als auch bei der Erhaltung unserer Gesundheit tätig.

Spargel enthält zum Beispiel erhebliche Mengen an **Saponinen**. Das sind Stoffe, die Schaum bilden und sich auf der Hand wie Seife anfühlen. **Asparasaponin** ist neben anderen Stoffen für den leicht bitteren Geschmack des Bleichspargels verantwortlich. Im Grünspargel kommt es nicht vor. Neue wissenschaftliche Ergebnisse sprechen den Substanzen eine Krebs hemmende, antimikrobielle, Cholesterin senkende und das Abwehrsystem positiv beeinflussende Wirkung zu.

Glykoside sind im Spargel in den unteren Stangenteilen vorhanden, da sie am Aufbau der Lignine (Verholzung) beteiligt sind. Damit haben sie eine Bedeutung als Ballaststoff, können aber ihre antimutagenen Aktivitäten erst nach Abspaltung von Zuckerresten entwickeln.

Polyphenolischen Inhaltsstoffen, die sortentypisch auftreten, wird nachgesagt, dass sie einen positiven Einfluss auf die menschliche Gesundheit haben. Auch sie sollen die Entstehung von Krebs hemmen, antimikrobiell und antioxidativ wirken, die Blutgerinnung und das Immunsystem des Menschen beeinflussen, Entzündungen reduzieren sowie auf den Blutdruck und den Blutzuckerspiegel wirken.

Im Spargel lassen sich sehr viele phenolische Inhaltsstoffe nachweisen, die beim Wachstum der Pflanze wichtige Funktionen erfüllen und meist mit einem der vielen Zucker verbunden sind. Hervorzuheben ist in den Köpfen von Bleich- und Grünspargel das Flavonoid **Rutin**, das sich in der Konserve mit dem gelösten Eisen aus der Dosenwand verbindet und das

Produkt dunkel färbt. Es wirkt beim Menschen gegen kapillare Blutungen und alle mit gesteigerter Kapillarbrüchigkeit einhergehenden Zustände.

Auch von **Quercetin**, einem weiteren Flavonoid im Spargel, sind gesundheitlich günstige Wirkungen bekannt geworden.

Dopa, im Kopf der Stangen gefunden, könnte eventuell eine Vorstufe zum Dopamin sein, das als Neurotransmitter fungiert und die anregende Wirkung des rohen Spargels erklären würde. In Grünspargel ließ sich Dopa bisher noch nicht nachweisen.

Übrigens kann man Spargel auch roh verzehren, wobei die Köpfe besonders gut schmecken. Der Vorteil ist, dass keine wertvollen Inhaltsstoffe durch Kochen oder Wässern verloren gehen.

Der Vollständigkeit halber seien für den Bleichspargel noch die Polyphenole **Coniferin** und **Vanillin** (am Geschmack beteiligt), die **Ferulasäure** und die **Kaffeesäure** genannt.

Italienischer Spargel: grün und weiß

Frühjahrskur mit Spargel

Bedauerlicherweise nimmt man während der dunklen Jahreszeit meist einige Pfunde zu. Das hängt in vielen Fällen mit den Fest- und Feiertagen zusammen. Außerdem braucht der Körper bei niedrigen Temperaturen mehr Energie, um die Wärmeverluste des Körpers zu kompensieren. Sollte die Zufuhr größer sein als der Verbrauch, bilden sich Reserven. Und die müssen im Frühjahr wieder weg, um für den Sommer fit zu sein.

Spargel lässt sich sehr gut in eine Frühjahrskur einbauen. Das beginnt mit der Gartenarbeit ab Ende März, wenn beim Aufschaufeln der Dämme die ersten Kalorien verloren gehen. Auch die anschließende Zeitabschnitt benötigt Energie, wenn die Stangen als erstes Gemüse der Saison geerntet werden, das aufkeimende Unkraut entfernt und der Boden feucht gehalten wird. Man sollte in dieser Jahreszeit häufig Spargel in seinen Speiseplan einbauen, nicht nur, weil er sich so vielfältig zubereiten lässt, sondern auch, weil er so köstlich schmeckt, für den menschlichen Körper wichtige Vitalstoffe enthält und einen niedrigen Brennwert besitzt. Es gibt nur wenige Nahrungsmittel, die Gesundheit, Genuss ohne Reue und kulinarisches Vergnügen in derart idealer Form in sich vereinen.

Feine Rezepte

Feine Rezepte

Rund um den Spargel

Frischen Spargel kann man nur in der Zeitspanne von März bis zum Johannistag am 24. Juni genießen. In diese Periode sind schon die Importe aus den südeuropäischen Ländern mit einbezogen. Nicht zuletzt wegen dieser relativ kurzen Zeitspanne bleibt der Genuss von frischem Spargel etwas Besonderes und somit fiebern die Liebhaber dieses edlen Gemüses jedes Jahr aufs Neue der Spargelsaison entgegen.

1 EL	=	1 Esslöffel
1 TL	=	1 Teelöffel
1 Pr	=	1 Prise
1 Bd	=	1 Bund

Qualität ist wichtig

Wichtig ist es beim Kauf auf Qualität zu achten. Alter Spargel kann leicht einen bitteren und strengen Geschmack bekommen. Ein Zeichen für Frische sind eine glänzende Schale, geschlossene weiße oder blaurosa Köpfe und eine saftige Konsistenz. Am besten versucht man als Käufer einen Blick auf die Schnittstelle am unteren Ende der Stange zu werfen. Sie sollte nicht grau und eingetrocknet sein. Stangen, die leicht brechen, sind frisch und haben kaum Wasser abgegeben.

Am besten schmeckt Spargel, der morgens geerntet wurde und mittags gekocht auf dem Teller liegt. Muss man von diesem Ideal abweichen, lässt sich Spargel in einem feuchten Tuch in einer Plastiktüte im Gemüsefach des Kühlschrankes einige Tage frisch halten. Über die verschiedenen Größenklassen wurde bereits berichtet.

Bleichspargelspitzen

Spargelverkaufsstand in einem Erzeugerbetrieb

Richtig vorbereiten

Beim Einkaufen rechnet man pro Person etwa 500 g Spargel. Die Stangen werden vom Kopf zum Ende hin mit einem scharfen Küchenmesser geschält. Es gibt auch Spezialgeräte zum Spargelschälen. Arbeitswirtschaftler konnten mit einem guten Messer am besten zufriedengestellt werden. Der geübte Koch setzt etwa zwei Zentimeter unter dem Spargelkopf an und schneidet die Schale zuerst dünn und zum Stangenende hin etwas dicker ab. Holzige Enden werden entfernt. Die Schälverluste betragen 25 bis 30 %. Für eilige Leute mit wenig Zeit bieten einige Spargelbetriebe maschinell geschälten Spargel an.

Grünspargel soll den Vorteil haben, dass er wenig oder gar nicht geschält zu werden braucht. Sinnvoll ist es am Stangenende mit dem Messer zu prüfen, wieweit man darauf vertrauen kann. Danach wird entschieden, ob und wie weit geschält wird.

Die abgeschnittenen holzigen Enden lassen sich zusammen mit den Schalen zu einer kräftigen Suppe auskochen.

Schonend kochen

Beim Kochen sollte berücksichtigt werden, dass Spargel mit unterschiedlichem Durchmesser auch unterschiedlich schnell gar wird. Ein Vorsortieren erleichtert die Entscheidung, wie lange gekocht werden muss. Köche, die Spargel portionsweise ausgeben, bündeln die Stangen mit einem Bindfaden und legen diese Pakete in kochendes Wasser, dem vorher etwas Salz und ein Stückchen Butter zugesetzt wurde. Die Kochzeit beträgt 8 bis maximal 15 Minuten.

Heutzutage wird bissfester Spargel – also al dente – bevorzugt.

Passende Weine

Viele Menschen empfinden ein Spargelessen als etwas Besonderes. Dazu gehören nicht nur die richtigen Beilagen und raffinierte Zubereitungsmethoden, sondern auch der passende Wein. Es lässt sich über Geschmack zwar nicht streiten, aber man sollte bei der Wahl der Weinsorte bedenken, dass Spargel ein zartes süßliches Aroma hat. Darauf sollte der Wein abgestimmt werden. Ein trockener Wein mit viel Säure eignet sich für ein Spargelessen nicht. Dagegen sind halbtrockene bis milde Weißweine zu empfehlen. Als Sorten sollten Müller-Thurgau, Silvaner, Riesling oder Ruländer bevorzugt werden. Wuchtige, bukettreiche Weine mit viel Edelsüße passen weniger gut zum Spargel.

Suppen und Vorspeisen

Die klassische, gebundene Spargelsuppe

Zutaten für 4 Personen	
500 g	Spargel
1 TL	Salz
1 EL	Zucker
50 g	Butter
50 g	Mehl
500 ml	Spargelsud

- Spargel waschen, schälen und in Stücke schneiden
- Ungefähr 15 Minuten in Wasser mit Salz, Zucker und 1 EL Butter kochen
- Restliche Butter in einem Topf auslassen, Mehl mit dem Schneebesen unterrühren und mit 500 ml Spargelwasser auffüllen
- Die Spargelstücke dazugeben und mit den Gewürzen abschmecken.

TIPP

Diese Standardsuppe lässt sich mit Weißwein, Fleischbrühe, Muskat, Krabben, Sahne, Eigelb, Kräutern, gekochtem Schinken und anderem verfeinern.

Spargelsuppe mit Krebsschwänzen

Zutaten für 4 Personen	
500 g	Spargel
16	Krebsschwänze
500 ml	Bouillon
500 ml	Spargelsud
100 ml	süße Sahne
2	Eigelb
	Salz, Pfeffer
	Muskat
	Zucker

- Spargel waschen, schälen, in Stücke schneiden und garen
- Aus Schalen und Spargelendstücken einen Fond bereiten
- Bachkrebse in Bouillon kochen und dann die Schwänze ausbrechen
- Fond mit der flüssigen Sahne vermischen, Eigelb darin verquirlen, mit Salz, Pfeffer, Muskat und Zucker würzen und ziehen lassen
- Krebse und Spargel auf vorgewärmten Tellern anrichten und die Suppe darüber gießen.

TIPP

Krebse und Spargel harmonieren geschmacklich besonders gut.

Spargelsuppe mit Blätterteighaube

Zutaten für 4 Personen

500 g	weißer Spargel
500 ml	Wasser
40 g	Butter
	Salz, Pfeffer aus der Mühle
100 ml	Sahne
50 g	Mehl
400 g	Blätterteig
2	Eigelb
2 EL	Wasser

TIPP

Bruchspargel eignet sich vorzüglich für Suppen und Salate.

- Spargel waschen, schälen, in 3 cm lange Stücke teilen, bissfest kochen, aus dem Sud nehmen und zur Seite stellen
- Aus Butter und Mehl eine Schwitze bereiten und mit der Spargelbrühe auffüllen
- Mit 1 Eigelb und Sahne legieren, mit Salz und Pfeffer abschmecken
- 4 Suppentassen bis 2 cm unter den Rand mit Suppe füllen und den Spargel dazugeben
- Blätterteig 4 mm dick ausrollen, eine leere Tasse auf den Teig setzen und mit 3 cm Abstand vom Rand den Teig ausschneiden
- 1 Eigelb mit 2 EL Wasser verquirlen und Teig und Rand der gefüllten Tassen damit bestreichen
- Teigdeckel darüber legen, Ränder kräftig andrücken und die Deckel ebenfalls mit Eigelb bepinseln
- Im Ofen bei 200 °C 15 Minuten goldgelb backen.

Lauch-Spargel-Suppe

Zutaten für 4 Personen

500 g	Spargel
500 ml	Gemüsebrühe
1 EL	Zucker
1 EL	Butter
2	Stangen Lauch
1	Eigelb
100 ml	Sahne
	Schnittlauch

- Spargel waschen, schälen und in kurze Stücke schneiden
- In der Gemüsebrühe unter Zugabe von Zucker und Butter 10 Minuten kochen
- Den in dünne Streifen geschnittenen Lauch zugeben und 10 Minuten weiterkochen
- Eigelb und Sahne verrühren und in die nicht mehr kochende Suppe geben
- Über die Suppe klein geschnittenen Schnittlauch streuen.

TIPP

Die Kombination von Spargel mit Lauch ist etwas für Liebhaber kräftiger Suppen.

Grüner Spargel mit schwarzen Trüffeln

- Grünspargel al dente kochen
- Die Trüffel in dünne Scheiben schneiden und etwa eine Minute in etwas Sekt und einer Prise Salz pochieren
- Spargel auf den Tellern arrangieren, die Trüffel aus dem Sud nehmen und auf dem Spargel anrichten
- Den Sud etwas reduzieren und auf Spargel und Trüffel träufeln
- Traubenkernöl darüber geben.

Zutaten für 4 Personen	
20	Grünspargelstangen
30 g	schwarze Trüffeln
1	Glas Sekt halbtrocken
1 Pr	Salz
1 EL	grünes Traubenkernöl

TIPP

Man kann auch weißen Spargel dafür verwenden und die Trüffel in Butter und Wein dünsten.

Spargel mit Avocadocreme und Krabben

- Den Spargel schälen und kochen
- Avocados halbieren, das Fruchtfleisch herauslösen, mit Limettensaft beträufeln und durch ein Sieb streichen
- Majonäse, Krabben und gehackte Kräuter damit vermischen und abschmecken
- Geschlagene Sahne unterheben und die Masse in die Avocadohälften füllen
- Gut abgedeckt in den Kühlschrank stellen
- Abgetropften Spargel auf Portionstellern anrichten und mit je einer Avocadohälfte servieren.

Zutaten für 4 Personen	
1 kg	Stangenspargel
2	reife Avocados
4 EL	gehackter Dill
1 TL	gehack. Zitronenmelisse
2 EL	gehackte Petersilie
4 EL	Limettensaft
4 EL	Majonäse
100 ml	süße Sahne
250 g	Nordseekrabben
	Salz, Pfeffer

TIPP

Sehr hübsch sieht es aus, wenn man die Teller mit Oliven oder blauen Trauben dekoriert.

Delikater Spargel-Melonen-Cocktail

Zutaten für 4 Personen	
1/2	Kopf Eisbergsalat
400 g	Spargel
100 g	Katenschinken
2	Ogenmelonen (400 g)
50 g	Crème fraîche
150 g	Jogurt
2 TL	Zitronensaft
	Salz, Pfeffer
4	frische Feigen

- Eisbergsalat vorbereiten und fein schneiden
- Spargel schälen, in kleine Stücke teilen und al dente kochen
- Katenschinken in Streifen schneiden
- Melonen halbieren, Kerne entfernen und Fruchtfleisch herauslösen
- Salat, Spargelstücke und Schinkenstreifen mischen und in den Melonenhälften anrichten
- Crème fraîche, Jogurt und Zitronensaft verrühren und mit Salz und Pfeffer abschmecken
- Melonenhälften auf Tellern anrichten und Marinade darüber geben
- Mit Salatblättern und halbierten Feigen garnieren.

TIPP

Honig- oder Zuckermelonen eignen sich gleichermaßen. Sie können auch geviertelt werden.

Spargel in Blätterteig auf Kerbelbutter

Zutaten für 4 Personen	
800 g	Spargelspitzen
400 g	Butterblätterteig
40 g	gesalzene Butter
40 g	ungesalzene Butter
2 Bd	frischer Kerbel
1	Ei
	Salz
	Zitronensaft

- Spargelspitzen etwa 10 cm lang abschneiden, wenig schälen, al dente kochen und abschrecken
- Kerbel waschen und klein hacken. Einige Blätter zum Dekorieren zurückbehalten
- Blätterteig 3 mm dick ausrollen
- Spargelspitzen zu vier gleichen Bündeln auf den Blätterteig aufsetzen
- Mit einem Messer (1 cm Rand lassen) ausschneiden und mit einem weiteren Stück Teig deckeln, Ränder gut andrücken
- Mit Ei bestreichen und 30 Minuten kühl stellen
- Dann bei 200° C 15 Minuten goldbraun backen
- Wasser mit Butter und Salzbutter aufkochen, den gehackten Kerbel einrühren, mit Zitronensaft und Salz würzen
- Kerbelbutter auf angewärmte Teller geben, Pasteten darauf platzieren und mit Kerbelblättchen dekorieren.

TIPP

Die Übergänge von Vorspeisen zu Hauptgerichten sind fließend, so dass die Einteilung nicht streng zu nehmen ist.

Hauptgerichte

Wildlachs und Spargel in Orangenbuttersauce

Zutaten für 4 Personen	
24	Stangen Spargel
400 g	Lachsfilet
2 EL	Weißwein
1	Zwiebel
1	Apfel
3	Orangen
2	Eigelb
1/8 l	geschlagene Sahne
1/8 l	Crème double
1/8 l	Fischfond
50 g	Butter

TIPP

Lachs lässt sich sowohl geräuchert als auch gekocht mit Spargel gut kombinieren.

- Den Spargel schälen, al dente kochen und warm stellen
- Den Lachs in Wein mit der gehackten Zwiebel und dem klein geschnittenen Apfel dünsten
- Fischfond reduzieren, Crème double und einen Schuss Wein dazugeben
- Einkochen lassen und Butter einrühren
- Den Saft der Orangen einkochen und mit dem Fischfond vermischen
- 2 Eigelb mit der geschlagenen Sahne vermischen und unter die Orangenbuttersoße ziehen
- Den warmen Spargel sternförmig auf einer Platte anrichten
- Darauf den Lachs drapieren, mit Soße bedecken und im Backofen gratinieren.

Spargel mit Bündnerfleisch

Zutaten für 4 Personen	
2 kg	weißer Spargel
1 TL	Salz
1 EL	Essig
1 EL	Sahne
2 EL	Butter
2 EL	Mehl
3/4 l	Spargelbrühe
3	Eigelb
	Muskat
2 EL	gehack. Zitronenmelisse
400 g	Bündnerfleisch
3 EL	gerieb. Schweizer Käse

TIPP

Dazu passt französisches Stangenweißbrot mit Butter.

- Spargel schälen und kochen, dem Kochwasser Salz, Essig und Sahne zusetzen
- Stangen 15 Minuten kochen und 10 Minuten ziehen lassen
- Aus Butter und Mehl eine Schwitze zubereiten und mit Spargelbrühe ablöschen
- Gehackte Zitronenmelisse dazugeben und das Ganze durchkochen
- Topf vom Herd nehmen, Eigelb einrühren und abschmecken, mit Muskat würzen
- Spargel auf einer warmen Platte anrichten, mit der Soße übergießen und mit dem geriebenen Schweizer Käse bestreuen
- Die Rauchfleischplatte dazu kühl servieren.

Spargel auf Pilzpüree mit Garnelen

Zutaten für 4 Personen

2 kg	Stangenspargel
8-10	Schalotten
300 g	Champignons
2 EL	Butter
1/4 l	süße Sahne
2 EL	gehack. Zitronenmelisse
2 EL	gehackte Petersilie
5 EL	gehackte Brunnenkresse
	Salz, Pfeffer, Muskat
250 g	geschälte Garnelen

- Spargel schälen und al dente kochen
- Champignons waschen, putzen und fein hacken
- In 1 EL Butter einen Teil der gehackten Schalotten und die Pilze dünsten
- Nach 3 Minuten Sahne und Kräuter hinzugeben
- Mit Salz, Pfeffer und Muskat abschmecken
- Restliche Schalotten in 1 EL Butter dünsten, die Garnelen dazugeben und nur leicht erhitzen, damit sie nicht austrocknen
- Der gekochte Spargel wird auf dem Pilzpüree angerichtet und mit den Garnelen belegt.

TIPP

Dazu passen gut neue Kartoffeln.

Spargel klassisch

Zutaten für 4 Personen

2 kg	weißer Spargel
200 g	Räucherschinken
200 g	gekochter Schinken
150 g	Butter
1 TL	Salz
1 EL	Zucker
	Kartoffeln
	gehackte Petersilie

- Spargel waschen, schälen und bis zum Zeitpunkt des Kochens in ein feuchtes Tuch einschlagen
- Dann die Kartoffeln schälen und kochen und den Schinken auf einer Platte anrichten
- Die Spargelstangen in sprudelnd kochendem Salzwasser mit dem Zucker etwa 12 bis 15 Minuten garen
- In der Zwischenzeit die Butter zerlassen und anschließend über den angerichteten Spargel geben
- Mit Petersilie bestreute Kartoffeln dazu servieren.

TIPP

An Stelle von Schinken passt dazu auch ein Kalbssteak oder ein Schnitzel.

Wild und Spargel

- Spargel und Kartoffeln schälen, in Stücke schneiden und kochen
- Zwiebel schälen, würfeln und in Butter glasig dünsten
- Mit Crème fraîche auffüllen, einkochen lassen, Spargel und Kartoffeln dazugeben und mit Wein abschmecken
- Rehrücken in Medaillons schneiden und anbraten
- Kräuter hacken und unter die Pilze mischen
- Auf je eine halbe Birne ein Medaillon setzen und mit Johannisbeergelee verzieren
- Die Pilzmischung dazugeben und Butterflöckchen darauf verteilen
- Bei 220 °C etwa 20 Minuten lang im Ofen garen und mit der Spargel-Kartoffel-Mischung servieren.

Zutaten für 4 Personen

500 g	weißer Spargel
200 g	neue Kartoffeln
1	Zwiebel
1 EL	Butter
200 g	Crème fraîche
1	Schuss Weißwein
	Salz, Pfeffer
250 g	Pfifferlinge
500 g	Rehrücken
1/2 Bd	glatte Petersilie
1 EL	Johannisbeergelee
4	halbe Birnen aus der Dose

TIPP

Eine weitere Variation ist die Verwendung von Rehschinken.

Lachsforelle mit Spargel

- Spargel schälen und kochen
- Wein, Wasser und Zitronensaft zum Kochen bringen und die Filets bei kleiner Hitze etwa 5 Minuten pochieren. Der Fisch sollte innen noch glasig bleiben
- Die Filets auf Tellern anrichten, salzen, pfeffern und klein gehackten Schnittlauch darüber geben
- Dazu neue Kartoffeln, Sauce Hollandaise und den knackig gekochten Spargel servieren.

Zutaten für 4 Personen

2 kg	Spargel
4	Forellenfilets
1	Glas Weißwein
1	Glas Wasser
1	Zitrone
	Salz, weißer Pfeffer
1 Bd	Schnittlauch
1	Tasse Sauce Hollandaise
	neue Kartoffeln

TIPP

Man kann auch Lachsforellen mit Kräutern füllen, salzen und in gebutterter Alufolie 15 Minuten in einem Backgrill garen.

Spargel flamande

- Spargel an den Enden großzügig abschneiden und von den Abschnitten einen Fond zubereiten
- Den Spargel in dem Fond stehend pochieren. Die Spitzen müssen aus dem Sud herausragen und werden vom Dampf gegart
- Eier grob hacken, mit Petersilie und Schnittlauch in geklärte Butter geben, abschmecken, mit Weinessig vermischen und über den Spargel geben.

TIPP
Der derart vorbereitete Spargel eignet sich gut als Beigabe zu Hummer. Baguette und ein Glas Weißwein runden diese leichte Mahlzeit ab.

Zutaten für 4 Personen	
1,5 kg	grüner Spargel
2 EL	gehackter Schnittlauch
4 EL	gehackte Petersilie
4	hart gekochte Eier
1 EL	Butter
1 EL	Weinessig
	Salz, Pfeffer aus der Mühle

Spargel-Artischocken-Auflauf

- Den gewaschenen, geschälten Spargel in Wasser garen
- Artischockenböden abtropfen lassen
- Eine Auflaufform buttern und zuerst die Artischockenböden, dann den Spargel einlegen
- Die Sahne mit dem Ei verquirlen und darüber verteilen
- Ein Gemisch aus Petersilie, Käse und Semmelbrösel darüber streuen
- Mit Salz und Pfeffer würzen und mit Butterflöckchen belegen
- Den Auflauf 15 Minuten bei 200° C gratinieren.

TIPP
Dazu reicht man Salzkartoffeln.

Zutaten für 4 Personen	
1,5 kg	bunter Spargel
8	Artischockenböden aus der Dose
3 EL	gehackte Petersilie
100 ml	Sahne
1	Ei
50 g	Semmelbrösel
100 g	Parmesan
	Salz, Pfeffer aus der Mühle
40 g	Butter
	Butter für die Form

Poularde mit Spargel

Zutaten für 4 Personen	
1	Poularde
125 g	Räucherspeck
500 g	Bleichspargel
1 Becher	Crème double
1 EL	Worcestersauce
2 EL	Rieslingwein
2 TL	Fleischbrühe
1 Bd	Suppengrün
	Salz, Pfeffer

- Poularde zerteilen, etwa 60 bis 75 Minuten mit Suppengrün kochen
- Räucherspeck würfeln und anbraten
- Spargel in etwa 3 cm lange Stücke schneiden und al dente kochen
- Crème double, Salz, Pfeffer, Worcestersauce, Rieslingwein in zwei Tassen Fleischbrühe einrühren und abschmecken, zusammen mit Fleisch, Speck und Spargel in einer Schüssel servieren.

TIPP
Zu diesem Gericht passt gut Langkornreis.

Spargel im Schlafrock

Zutaten für 4 Personen	
10	Scheiben Blätterteig
1 kg	Grünspargel
40 g	Butter
2 EL	Mehl
1/2 l	Milch
100 g	geriebener Käse
	Pfeffer, Salz
	Muskatnuss

- Eine flache Kastenform einfetten und mit sechs Scheiben Blätterteig auslegen
- Holzige Enden des Spargels entfernen, al dente kochen und in die Form legen
- Butter erhitzen, eine Mehlschwitze mit der Milch anrühren, 5 Minuten köcheln lassen, Gewürze und Käse einrühren, diese Sauce über den Spargel gießen
- Restlichen Blätterteig in Streifen schneiden und gitterförmig auf den Spargel legen. Im vorgeheizten Ofen bei 225° C 15 bis 20 Minuten backen.

TIPP
Baguette schmeckt dazu am besten!

Spargel-Krabben-Gratin

Zutaten für 4 Personen	
500 g	Bleichspargel
500 g	Grünspargel
400 g	Krabben
200 g	geriebener Käse
1 EL	Butter
	Zucker, Salz

- Bleichspargel schälen, beim Grünspargel die Enden abschneiden und beide Spargelarten im Salzwasser kochen
- Krabben abbrausen und mit Küchenkrepppapier abtupfen
- Spargel und Krabben in eine gebutterte Form schichten, darüber Käse streuen, Butterflöckchen aufsetzen und im vorgeheizten Backofen bei 200° C etwa 8 Minuten lang backen.

TIPP

Als Beilage ist Kartoffelbrei zu empfehlen.

Spargelsülze

Zutaten für 4 Personen	
1 kg	Bleichspargel
6	Blatt weiße Gelatine
1/8 l	Weißwein
3 EL	Essig
1/4 l	Spargelbrühe
250 g	gekochter Schinken
3	Gewürzgurken
1 Bd	Petersilie
	Salz, Pfeffer, Zucker

- Spargel schälen, waschen und in Stücke schneiden
- Gelatine in 4 EL Wein auflösen
- Den restlichen Wein, Essig und Spargelbrühe zusammengießen, aufgelöste Gelatine dazugeben und abschmecken
- Den Boden einer Schüssel dünn mit Gelatine begießen und im Kühlschrank erstarren lassen
- Schinkenwürfel, Gurken- und Spargelstücke auf die Gelatine schichten, mit der restlichen Gelatine auffüllen und fest werden lassen
- Danach auf eine Platte stürzen und mit Petersilie garnieren.

TIPP

Die Spargelsülze ist eine erfrischende Delikatesse für ein kaltes Büfett.

Spargelauflauf

Zutaten für 4 Personen

1 kg	Spargel
250 g	gekochter Schinken
90 g	Butter
40 g	Mehl
1/2 l	Spargelbrühe
125 g	Kräuterschmelzkäse
	Zitronensaft, Salz
1	Eigelb
1/8 l	süße Sahne
50 g	geriebener Käse
1 EL	Semmelbrösel

- Spargel schälen, in 4 cm lange Stücke schneiden und kochen
- Schinken würfeln und mit den Spargelstücken mischen
- Aus Butter und Mehl eine helle Mehlschwitze bereiten und mit Spargelwasser auffüllen
- Schmelzkäse einrühren, mit Salz und Zitronensaft abschmecken und mit Eigelb legieren
- Sahne einrühren und mit dem Spargel-Schinken-Gemisch vermengen
- In eine gebutterte Auflaufform geben, mit Käse, Semmelbrösel und Butterflöckchen belegen und im Ofen bei 200° C 25 Minuten überbacken.

TIPP

Zusammen mit einer Schüssel grünen Salat ist dies ein echtes Frühlingsessen.

Spargelquiche

Zutaten für den Teig

250 g	Mehl
150 g	Butter
2	Eigelb
	Salz
4 EL	Milch

Zutaten für den Belag

1 kg	Spargel
250 g	Quark
2	Eier
1/8 l	Sahne
	Salz, Pfeffer
150 g	gekochter Schinken

- Den geschälten und geschnittenen Spargel 10 Minuten kochen
- Aus Mehl, Butter, Eigelb, Milch und Salz einen Teig herstellen und in einer gefettete Springform auslegen
- 10 Minuten bei 220° C vorbacken, dann den Spargel darauf verteilen
- Quark, Eier, Sahne, Salz, Pfeffer und klein geschnittenen, gekochten Schinken vermengen und über den Spargel geben
- Die Quiche bei 175° C 20 bis 25 Minuten backen.

TIPP

Dazu passt gut ein Glas Roséwein.

Eingelegter Spargel

- Den vorbereiteten Spargel in Wasser mit Salz und 1 EL Zucker garen und abtropfen lassen
- Anschließend die Spargelbrühe mit 2 EL Zucker und Weinessig aufkochen
- Spargelstangen in ein Glas oder Steinguttopf legen, den gewaschenen Estragon dazwischen schichten und mit dem heißen Sud übergießen
- Den Topf verschließen und an einem kühlen Ort zwei Tage ziehen lassen
- Der Spargel hält sich mindestens eine Woche.

Zutaten für 1 Topf

1 kg	Spargel
	Spargelsud
1 l	Wasser
1 TL	Salz
3 EL	Zucker
1/8 l	Weinessig
5	Zweige Estragon

TIPP

Der eingelegte Spargel eignet sich als Beilage zu kalten Platten. Da man ihn zwei Tage vorher zubereiten kann, werden so Arbeitsspitzen bei Festen vermieden.

Spargelkuchen

- Einen Knetteig aus einem Ei, Salz, Mehl,1 bis 2 EL Wasser und der kühlen Butter machen, zu einer Kugel formen und in Folie gehüllt 30 Minuten in den Kühlschrank stellen
- Spargel schälen, waschen, etwa 10 bis 15 Minuten bissfest kochen
- Den Teig ausrollen und in eine gefettete Springform legen, Boden mehrfach einstechen, bei 200° C 10 Minuten vorbacken
- Den in Würfel geschnittenen Schinken auf dem Boden auslegen, Spargel sternförmig anordnen
- 3 Eier, Sahne, Hüttenkäse verrühren, mit Salz und Pfeffer abschmecken und über den Spargel gießen
- Bei 200° C etwa 15 Minuten backen.

Zutaten für 4 Personen

300 g	weißer Spargel
300 g	grüner Spargel
200 g	Mehl
4	Eier
200 g	geräucherter Schinken
100 g	Hüttenkäse
120 g	Butter
1/4 l	Sahne
1 TL	Zucker für den Sud
	Salz und Pfeffer
	Fett für die Form

TIPP

Zusammen mit grünem Salat servieren.

Soßen und Salate

Sauce Hollandaise

Zutaten

250 g	Butter
4	Eigelb
	Zitronensaft
2 EL	Wasser
	Salz, Pfeffer

- Butter schmelzen lassen und zum Kochen bringen
- Durch ein Sieb gießen, damit sich die Molke absetzt
- Im Wasserbad Eigelb, Zitronensaft, 2 El Wasser, Salz und Pfeffer verrühren
- Mit einem Schneebesen schaumig schlagen und die Butter langsam unter Rühren dazugeben.

Bunter Spargelsalat

Zutaten

250 g	weißer Spargel
250 g	grüner Spargel
1	kleine Zwiebel
	Speiseöl
	milder Essig
1/4 l	Wasser
	Salz, Pfeffer, Zucker

- Spargel wie gewohnt vorbereiten, in Stücke schneiden und al dente kochen
- Eine Marinade aus Essig, Öl, Wasser und Zwiebelstücken zubereiten und abschmecken
- Die Spargelstücke einlegen und mindestens eine Stunde ziehen lassen.

TIPP
Man kann den Salat durch Zugabe von Käse, Schinken oder hart gekochten Eiern variieren.

Fruchtiger Spargelsalat

Zutaten

1 kg	Spargel
	Salz, Zucker
1 EL	Butter
1	Becher Jogurt
	Salz, Pfeffer, Muskat
3	Pfirsiche
100 ml	Sahne

- Spargel waschen, schälen, in Stücke schneiden und in Salzwasser mit 1 EL Zucker und 1 EL Butter al dente kochen
- Eine Soße aus Sahne, Jogurt, Salz und Muskat zubereiten und abschmecken
- Pfirsiche entsteinen und in kleine Stücke schneiden
- Zusammen mit dem Spargel in die Soße geben und etwas ziehen lassen.

TIPP
Man kann für diesen Salat auch andere Früchte wie Bananen oder Äpfel verwenden.

Adressen, Informationsstellen, Literatur

Bezugsquellen für Jungpflanzen

- Bahlmann, A.B.
  Petzeimerstr. 39
  D-49696 Molbergen
  Tel.: 04475/385
  Fax: 04475/1745

- Spargelhof Gast
  Kampweg 4
  D-23881 Alt-Mölln
  Tel.: 04542/848813
  Fax: 04542/848826,
  E-Mail: info@spargelzucht.de

- Gut Herrenhölzer GbR
  Gutsstraße 1
  D-14789 Bensdorf
  Tel.: 033839/61686
  Fax: 033839/61687

- AG Süddeutscher
  Spargelvermehrungsbetriebe
  Römerstr. 58-62
  D-68623 Lampertheim
  Tel.: 06206/950760
  Fax: 06206/4884
  E-Mail: Dr.Billau@t-online.de

- Kreienbaum GmbH
  Gröblingerstr 62
  D-48336 Füchtorf
  Tel.: 05426/2361
  Fax: 05426/3279

- Merker & Meinhardt
  Sonnenhof
  D-64347 Griesheim
  Tel.: 06155/4999
  Fax: 06155/4878
  E-Mail:
  merker@Spargelpflanzen.de

- Spargelhof Brink
  Rosenstr. 7
  D-29394 Langenbrügge
  Tel.: 05824/2978
  Fax: 05824/3173

- Schiebel, Christian
  Maushof Allee 12
  D-85309 Pörnbach
  Tel.: 08446/267
  Fax: 08446/1515

- Südwestdeutsche Saatzucht
  Dr. Späth
  Im Rheinfeld 1-13
  D-76437 Rastatt
  Tel.: 07222/770721
  Fax: 07222/770777

- Grünspargel Steiner
  Römerstr. 817
  D-47445 Moers-Bornheim
  Tel.: 02841/42292
  Fax: 02841/42293

- Zenk, Friedhelm
  Fackendorferstr. 5
  D-91353 Hausen
  Tel.: 09191/33719
  Fax: 09191/33719

Informationsstellen für den Anbau

- SLFA für Wein Obst und Gartenbau, Neustadt, Breitenweg 71, D-67435 Neustadt a.d.W. Tel.: 06321/671-271

- SLVA für Landwirtschaft, Weinbau und Gartenbau, Postfach 1165, D-55272 Oppenheim Tel.: 06133/930-132

- Amt für Landwirtschaft, Landes- und Bodenkultur, Schönbornstr. 22, D-76646 Bruchsal Tel.: 07251/742529

- Amt für Landwirtschaft, Landes- und Bodenkultur, Fürstenbergstr. 17, D-79102 Freiburg Tel. 0761/70346-278

- Amt für RLL Darmstadt, Rheinstr. 91, D-64295 Darmstadt, Tel.: 06151/885-885

- Landwirtschaftskammer Hannover, Johannsenstr. 10, D-30159 Hannover, Tel.: 0511/3665-315

- Landwirtschaftskammer Weser Ems, Spredaerstr. 2, D-49377 Vechta, Tel.: 04447/9623-12

- Landwirtschaftskammer Westfalen-Lippe, Nevinghoff 40, D-48147 Münster, Tel.: 0251/2376-601

- LVG Straelen, Hans-Tenhaeff-Str. 40-42, D-47638 Straelen Tel.: 02834/704-0

- Bayer. Landesanstalt f. Weinbau u. Gartenbau, Postfach 1140, D-97209 Veitshöchheim Tel.: 0931/9801-0

- LVA Gartenbau Erfurt, Leipzigerstr. 75 a, D-99085 Erfurt, Tel.: 0361/55544-0

- LA f. Gartenbau, Theodor-Echtermeyer-Weg 1, D-14979 Großbeeren, Tel.: 033701/5270

Literatur

- Elmadfa, I. & Leitzmann, C.: Ernährung des Menschen, Verl. E. Ulmer, Stuttgart, 1998.
- Hartmann, H.D.: Spargel, Grundlagen für den Anbau, Verl. E. Ulmer, Stuttgart, 1989.
- Hoberg, E., Ulrich, D. und Standhardt, D. 1998, Sensorische Qualitätsbestimmung bei Spargel. DGQ. XXXIII. Vortragstagung S. 141 - 152.
- Verband Süddeutscher Spargel- und Erdbeeranbauer (VSSE): Spargel, ein königliches Gemüse. Video zum Anbau und Erzeugung von Spargel. Bestelladresse: Zeiligstr. 6, 76694 Forst
- Billau, W.: Untersuchungen über Lokalisation und Ausmaß der Lignifizierung in Pflanzen von Asparagus officinalis L. Diss. Universität Hohenheim.
- Ziegler, J.: Bleichspargelanbau, Neustadter Hefte 101, Staatl. Lehr- u. Forsch. Anstalt für Landw. Weinb. u. Gartenbau Neustadt a.d.Weinstr. 1999.

Tage der offenen Tür

Zahlreiche Spargelanbauer veranstalten während der Erntesaison einen Tag der offenen Tür oder ein Hoffest und versorgen die Besucher mit Informationen zum Anbau von Spargel.

Meist werden die Veranstaltungen mit einer Anzeige in der örtlichen Presse oder im Rundfunk mit einer Reportage bekannt gegeben. Freuen Sie sich, wenn Sie dort von einer Spargelkönigin begrüßt werden!

Auch im Internet sollten Sie sich mit einer Suchmaschine und dem Stichwort „Spargel" auf den deutschsprachigen Seiten über diese Gemüseart informieren. Viele Betriebe machen in dieser modernen Art und Weise auf ihre Veranstaltungen aufmerksam. Außerdem kann man die Öffnungszeiten der Verkaufsstände und auch die Preise erfahren.

Dank des Autors

Hiermit möchte ich ganz besonders meiner Frau danken, die für mich die Spargelrezepte zusammengestellt und natürlich alle ausprobiert hat, eine angenehme Begleiterscheinung bei der Abfassung dieses Buches. Sie hat somit erheblich zum Gelingen dieser Arbeit beigetragen.

Spargelmuseum

- Europäisches Spargelmuseum Schrobenhausen
  Am Hofgraben 3
  86529 Schrobenhausen
  Tel.: 08252/900

Die Deutsche Bibliothek – CIP-Einheitsaufnahme
Ein Titeldatensatz für diese Publikation ist bei Der Deutschen Bibliothek erhältlich.

Das Werk einschließlich aller seiner Teile ist urheberrechtlich geschützt. Jede Verwertung außerhalb der engen Grenzen des Urheberrechtsgesetzes ist ohne Zustimmung des Verlages unzulässig und strafbar. Das gilt insbesondere für Vervielfältigungen, Übersetzungen, Mikroverfilmungen und die Einspeicherung und Verarbeitung in elektronischen Systemen.

Haftung:
Autor und Verlag haben sich um richtige und zuverlässige Angaben bemüht. Fehler können jedoch nicht vollständig ausgeschlossen werden. Eine Garantie für die Richtigkeit der Angaben kann daher nicht gegeben werden. Haftung für Schäden und Unfälle wird aus keinem Rechtsgrund übernommen.

Bildquellen
Agrarfoto Hormes: Seite 18, 24, 53
Roland Bauer: Seite 57
Helga Buchter-Weisbrodt: Seite 17, 41, 51, 56
Europäisches Spargelmuseum Schrobenhausen: Seite 10
Hans Reinhard: Seite 5, 6/7, 11, 13, 23, 25 (3 Fotos), 28, 30, 31 (2 Fotos), 36/37, 48
Nils Reinhard: Seite 13
Bernd Schaefer: Seite 32, 33 (2 Fotos), 34
Fridhelm Volk, Stuttgart: Umschlagfotos, Vignetten Grün- und Bleichspargel, Vignette Teller mit Lachs und Spargel, Seite 14/15, 16, 26, 27, 54/55, 59, 63, 65, 68, 75
Alle übrigen Fotos vom Autor.

Genehmigung liegt vor: Seite 8, 9

© 2001 Verlag Eugen Ulmer GmbH & Co.

Wollgrasweg 41, 70599 Stuttgart
E-Mail: info@ulmer.de
Internet: www.ulmer.de
Printed in Germany

Lektorat: Dr. Gabriele Lehari, Anke Ruf, Ina Vetter

Covergestaltung und Layout:
CYCLUS · Visuelle Kommunikation
Herstellung und DTP:
CYCLUS · Media Produktion

Druck und Bindung:
Offizin Andersen Nexö, Zwenckau

ISBN: 3-8001-3813-1

Register

Anregungen zum Selbermachen.

Steinpilzragout, Pilztorte, Asiatische Pilzpfanne - ein wahrer Gaumenschmaus! Doch vor dem Genuss steht die Frage: Wie erkennt man die essbaren Pilze? Und wie muss man sie zubereiten?

Nahezu **100 Pilze** und ihre teilweise **gefährlichen „Doppelgänger“** werden in diesem Buch exakt beschrieben. Abgebildet werden junge sowie ausgewachsene Pilze, Ansichten von oben, von unten und aufgeschnitten. Die **hervorragenden Farbfotos** ermöglichen eine rasche, **sichere Bestimmung** bereits beim Sammeln. Selbstverständlich geben die Autoren auch **fundierte Ratschläge** zum Umgang mit Pilzen, zum Sammeln, Auswählen, Putzen und Verarbeiten.

Pilze sicher bestimmen – delikat zubereiten. *R. und F. Volk. 2. Auflage 2001. 192 S., 231 Farbfot.*
ISBN 3-8001-3656-2.

Das Angebot der auf Kräuter spezialisierten Gärtner ist in den letzten Jahren sehr groß geworden und viele bislang unbekannte **exotische Pflanzen** wurden in Kultur genommen.

In diesem Buch erfahren Sie erstmals alles über neue und natürlich auch über die **altbewährten Kräuter**, über ihre Anzucht, die spezielle Pflege auf dem Balkon und im Zimmer, ihre Vermehrung und Ernte. Darüber hinaus finden Sie auch **Gestaltungsbeispiele** und **viele Rezepte**.

Die Autorin M. Wiegele ist Buchautorin zum Thema Phytotherapie und Seminarleiterin zu sämtlichen Bereichen der alternativen Heilmethoden.

Der Kräutergarten auf Balkon und Terrasse. M. Wiegele. 2000. 96 Seiten, 76 Farbfotos, 20 Zeichn. Garten-Ratgeber Reihe.
ISBN 3-8001-3135-8.

Kräuter runden nicht nur viele Gerichte ab, sie verleihen vielen Speisen erst ihren ganz typischen Geschmack. In diesem Buch erfahren Sie, zu welchen Speisen welche Kräuter passen, welche Teile der Pflanzen verwendbar sind und wie sie auf den menschlichen Organismus wirken. Bei der **riesigen Rezeptauswahl** wird man sehr einfach fündig. Außerdem werden verschiedene Konservierungsmethoden vorgestellt. **Ansprechende Farbfotos** machen Appetit aufs Nachkochen! Der im Buch enthaltene Teil **Kräuter von A – Z** in Garten und Natur stellt bekannte und längst vergessene Kräuter mit Bestimmung, Erntezeit, Anbau, Verwendungsmöglichkeiten und Heilwirkung vor.

Kochen mit Kräutern. R. und F. Volk. 2002. 128 Seiten. 120 Farbfotos.
ISBN 3-8001-3273-7.